Sept Upanishads

Sept Upanishads

Traduction commentée,
précédée d'une introduction générale
aux Upanishads
par Jean Varenne

Éditions du Seuil

ISBN 978-2-02-005872-8

Avant-propos

Avant-propos

Compte tenu de l'intérêt de plus en plus large qui se manifeste en France pour la pensée de l'Inde traditionnelle, il a paru utile de réunir en volume quelques Upanishads inconnues du grand public. De ces textes célèbres, on ne connaît en effet chez nous qu'une toute petite partie, quelques dizaines à peine, sur les deux cent cinquante édités en Inde. La lacune est donc énorme et, sans songer à la combler ici, on a voulu donner une idée de ce qui manque.

Pour ce faire, on a choisi de traduire, pour la première fois en français, quelques Upanishads représentatives de chacun des grands courants qui animent l'hindouisme : Védânta, Yoga, Bhakti, Tantrisme, etc. Sans oublier, non plus, une certaine forme de magie qui fait partie, elle aussi, de la culture indienne. Au total, ce sont sept Upanishads que l'on trouvera ici réunies :
— la Garuda Upanishad, qui montre comment on peut se préserver du poison grâce à l'emploi de formules *(mantra)* appropriées ;

— la Bahvrichâ Upanishad, qui témoigne d'un certain type de tantrisme;

— la Vasudéva Upanishad, qui célèbre le signe sectaire des fidèles de Vishnu, indique comment le tracer, quelle substance employer, etc. ;

— la Kali-Samtarana Upanishad, qui vante l'effet salutaire que procure la répétition du *mantra* « Haré Krishna ! » ;

— l'Advaya-Târaka Upanishad, qui décrit quelques pratiques de yoga peu connues en Occident;

— la Parama-Hamsa Upanishad, qui chante les louanges du renoncement *(samnyâsa)* sous sa forme la plus radicale;

— et, enfin, l'Ishâ Upanishad, la plus célèbre de toutes les Upanishads védântiques, dont on trouvera ici une traduction nouvelle.

On a ajouté à ces traductions intégrales quelques extraits significatifs des grandes Upanishads védiques : la Brihad-Âranyaka, la Chândogya, la Mundaka, la Kéna. Il convenait en effet, pour ne pas donner une idée fausse de ce que sont les Upanishads, de rappeler qu'à côté de certains aspects un peu « baroques » représentés ici par la Garuda Upanishad ou la Kali-Samtarana Upanishad, les Upanishads contiennent aussi des chapitres de haute métaphysique qui ont fait leur succès en Europe au XIXe siècle. Un témoignage de ce succès est donné en appendice par la reproduction du poème de Victor Hugo *Suprématie* où le texte de la Kéna Upanishad (traduit ici, page 31) est repris et magnifié par le grand visionnaire du siècle dernier.

Afin d'achever de donner à ce recueil le caractère d'un outil de travail, on a ajouté, outre une bibliographie, une liste alphabétique de toutes les Upanishads traduites en français à ce jour et un glossaire des mots sanskrits que l'on a dû employer dans le texte.

Les introductions à chaque Upanishad ont été conçues comme autant de chapitres qui, lus en continuité, donnent une vue générale de la pensée indienne sous tous ses aspects. Des notes éclairent les passages difficiles et donnent, éventuellement, un complément bibliographique. Elles sont regroupées en fin de volume, pages 213 et suivantes.

Ajoutons enfin que deux des Upanishads ici données ont paru d'abord dans des revues spécialisées : *les Cahiers de linguistique générale et d'étude orientales* publiés par l'université de Provence (pour la Kali-Samtarana) et la *Revue française de yoga,* 3, rue Aubriot, Paris (pour l'Advaya-Târaka) ; dans les deux cas, la traduction a été remaniée et les introductions sont entièrement nouvelles [1].

Les mots sanskrits transcrits se lisent comme en français avec les exceptions suivantes :
— le *u* se prononce toujours ou (*guru :* gourou) ;
— le *g* est toujours dur (*gîtâ :* guîtâ) ;
— le *ch* se prononce tch (*chakra :* tchakra) ;
— le *j* se prononce dj (*jîva :* djîva) ;
— le *h* est une gutturale sonore aspirée, ce qui explique que, par exemple, le mot sanskrit *hamsa,* «oiseau migrateur, oie sauvage», corresponde à l'allemand *Ganse,* «oie».

PREMIÈRE PARTIE

Les Upanishads

L'hindouisme est une religion sans fondateur, sans
Église, sans nom même, puisque le terme qui la désigne a été imaginé par les Occidentaux [1]. C'est donc
« l'ensemble des croyances et des pratiques des habi-
tants de l'Inde » (de ceux, du moins, qui sont restés
fidèles à leurs traditions et ne les ont pas quittées pour
adhérer à l'islam ou au christianisme). Certains sociologues modernes en ont été si frappés qu'ils sont allés
jusqu'à affirmer que l'hindouisme est plus une orthopraxie qu'une orthodoxie. Et il est vrai que l'hindou se
sent d'abord hindou dans la mesure où il s'intègre à des
structures (famille, caste, secte) qui sont surtout socia-
les. Pourtant, il serait abusif de s'en tenir à ce niveau :
la caste, par exemple, se fonde sur un ensemble de
critères qui relèvent exclusivement de la religion.
Pourquoi un brahmane est-il, de naissance, « au-dessus » d'un marchand ? Et que signifie cet « au-dessus » ?
Les réponses ne peuvent être d'ordre strictement so-
ciologique, puisqu'il est évident que le marchand s'intègre mieux à la société contemporaine que ne le fait un
brahmane. A ce dernier, en effet, de nombreux métiers

sont interdits [2], sous peine de déroger. Vivant aux cro-
chets du marchand, le brahmane est pourtant honoré
par ce dernier, qui voit en lui un individu que sa
naissance place « plus près du sacré [3] ». Ainsi, les castes sont hiérarchisées en fonction d'une échelle de
valeurs qui n'a rien à voir avec les réalités économiques
ou politiques, mais se définit en termes exclusivement
religieux.

De plus, il ne suffit pas pour être hindou d'accepter
cet état de fait, il faut également le justifier et, là aussi,
ce sont des croyances métaphysiques qui entrent en jeu.
On professe, par exemple, que la naissance d'un individu dans telle ou telle caste s'explique par « le poids
des actes » que ledit individu a accompli dans ses vies
antérieures ; ce qui implique évidemment que l'on croie à
l'immortalité de l'âme (et donc à l'existence de celle-ci),
à la transmigration, à un système de répartition
des actes en « bons » et « mauvais », etc. De la même
façon, l'existence d'un rituel et l'obligation morale où
l'on se sent de l'observer supposent une théologie du
sacré et, corrélativement, la croyance en un monde
divin. Les innombrables sanctuaires, somptueux ou
modestes, dont est couvert le sol de l'Inde témoignent
enfin de l'ardeur d'une foi religieuse qui frappe tous
ceux qui abordent le pays pour la première fois. Et la
multiplicité des dieux dédicataires de ces temples indique que les fidèles pratiquent une certaine forme de
polythéisme.

Mais puisqu'il n'y a pas d'Église hindoue, ceux qui
vivent cette religion omniprésente, exigeante, complexe, n'ont pour guide que ce qu'ils nomment eux-
mêmes « la Tradition ». Pourquoi agir ainsi ? Pourquoi
croire ceci plutôt que cela ? « Parce que nos pères agis-

saient de la sorte ! parce qu'ils croyaient ceci !» L'hindouisme se transmet en milieu familial et communautaire : le père, la mère, les gens de la caste à laquelle on appartient enseignent ce qu'il faut faire «pour tenir son rang», ce qu'il faut croire «pour être un homme (ou une femme)». Vers l'âge de douze ans, le jeune garçon [4] reçoit obligatoirement l'initiation que lui confère son père (ou un instructeur se substituant à lui). Par ce sacrement, dit-on explicitement, l'enfant naît «une seconde fois»; il accède, grâce à cette «seconde naissance», à un niveau d'existence supérieur qui va lui permettre de jouer son rôle dans la société et, s'il le veut, de développer en lui telle ou telle forme de spiritualité. De «virtuel» qu'il était, il devient, par l'initiation *(upanayana),* un être «réel», héritier conscient d'une lignée initiatique censée remonter à l'origine des temps. De plus, ledit sacrement introduit, comme toute initiation, à une vie nouvelle : celle de l'«âge de raison» qui, en Inde, coïncide avec le commencement des études. Outre son futur métier, le jeune initié apprend alors ce que l'on pourrait appeler la «théologie du brahmanisme», c'est-à-dire un ensemble de notions philosophiques, métaphysiques, éthiques, rituelles, etc., qui fondent idéologiquement l'hindouisme.

Cette vue-du-monde lui est communiquée par son précepteur (ou par son père), sous la forme d'une exégèse de textes sacrés qu'il est invité à apprendre par cœur et à commenter lui-même au fur et à mesure que son apprentissage le fait progresser dans leur assimilation. Ainsi l'hindouisme apparaît comme étant aussi une sorte de «religion du Livre». «*Des* Livres» serait mieux dit, car ici comme dans tous les autres secteurs

15

de la culture indienne, l'abondance est de rigueur. Non pas *une* Bible, mais *des* Bibles, à la fois diverses et répétitives ; suffisamment différentes les unes des autres pour qu'il faille dire « les Écritures », suffisamment homogènes pour que l'on puisse aussi bien parler de « la Révélation » unique et, aux yeux des fidèles, éternelle, immuable, *ne varietur*. Au total, une masse énorme de textes qui, édités à la moderne, feraient ensemble une bonne centaine de gros volumes ! Bien entendu, aucun hindou ne prétend les connaître tous : chacun fréquente ceux qui appartiennent à la tradition familiale. Un peu comme s'il existait, dans le judaïsme, douze versions de la Bible valables pour chacune des douze tribus d'Israël. Et c'est bien de cela qu'il s'agit en Inde, où l'abondance des Écritures provient de ce qu'elles existent en plusieurs recensions à peine différentes les unes des autres. Le fond reste partout le même, seul diffèrent l'arrangement des matières, la forme.

Tel quel, l'ensemble des textes sacrés de l'hindouisme porte le nom générique de Véda, mot sanskrit [5] qui signifie « le savoir, la science ». Il s'agit de tout ce que doit connaître celui qui a reçu l'initiation et qui appartient, de ce fait, à la communauté brahmanique. En réalité, la science en question est exclusivement religieuse et le Véda ne traite que de la liturgie, de sa raison d'être et des bénéfices que le fidèle retire de sa célébration. On y trouve donc des traités rituels (*Shrauta-sûtras*) où le déroulement des cérémonies est décrit en détail, avec indication des paroles à prononcer, des gestes à faire, des substances à utiliser, des victimes à immoler, du calendrier à suivre, etc. D'autres textes commentent le rituel et en font l'apologie du point de vue des avantages qu'en retirent, dans cette vie ou dans l'autre, les individus et la nation. D'autres encore élargissent cette théologie aux dimensions d'une métaphysique véritable, plus ou moins bien dégagée de la pratique religieuse. On devine que ces différentes catégories de textes ne se présentent pas toutes de la même manière : les unes sont en vers, d'autres en prose ; ici, de longs développements s'apparentent au style juridique ; là, des légendes sont contées non sans lyrisme ; ailleurs, une haute technicité impose un langage abrupt, concret, sans aucune fioriture. D'où la possibilité de classer les textes védiques selon les genres littéraires, comme le fait la tradition indienne, pour qui le Véda unique se divise en plusieurs secteurs :

a) En premier lieu, figurent les *hymnes* destinés à être récités ou chantés dans le cadre du sacrifice solennel ; s'adressant aux dieux principaux du panthéon védique, ces poèmes sont de forme particulièrement soignée ; on les regroupe dans des recueils *(Samhitâ)* qui figurent en principe au début de chaque recension «familiale» du Véda ; on joint à ces poèmes les strophes isolées également utilisées dans la liturgie, et les formules sacrificielles en prose rythmée qui accompagnent tel ou tel geste du sacrifiant au cours des cérémonies. Compte tenu de la valeur quasi magique que le brahmanisme attribue à la parole poétique, les *Samhitâs* constituent le «cœur du Véda», sa partie la plus sainte, la plus vénérée.

b) Suivent les textes en prose où le rituel est présenté et commenté. Les *Shrauta-sûtras* donnent une description technique des grands sacrifices solennels ; les *Gri-*

hya-sûtras traitent du rituel domestique (initiation, mariage, funérailles, etc.); divers autres *sûtras* donnent des recettes magiques, thérapeutiques, etc. D'autre part, les *Brâhmanas* et les *Âranyakas* [6] interprètent et justifient les pratiques rituelles : il s'y élabore une véritable théologie de la religion védique. Pourquoi faut-il offrir des sacrifices aux dieux ? Qui sont ces derniers ? Qu'attendent-ils de l'homme ? Comment le récompensent-ils en retour ? En quoi consiste l'acte rituel ? Comment comprendre son efficacité dans l'au-delà (et dans le futur) alors qu'il est accompli ici et maintenant ? Etc. On devine que de telles réflexions sont aisément susceptibles de déborder le cadre strictement religieux qui est le leur dans cette classe de textes : le sacrifice, par exemple, y est justifié par référence à des mythes [7] (donc à la religion), mais cette justification fait aussi appel à une théorie de l'acte (donc à la philosophie).

c) Le passage à la métaphysique s'opère dans les *Upanishads* qui sont donc classées à la fin du Véda. A l'origine, ces textes n'étaient que des chapitres annexes, conclusifs des Brâhmanas ou des Âranyakas. Ils sont donc beaucoup plus courts : quelques pages contre des volumes ! Leur forme elliptique, condensée, s'explique aussi par le contenu : les Brâhmanas commentent de très nombreuses cérémonies, toutes très complexes, alors que les Upanishads ont pour matière unique la métaphysique, qui se condense aisément en quelques formules brèves, en prose ou en vers. Progressivement, cependant, les Upanishads ont tendu à devenir indépendantes des Brâhmanas et du reste du canon védique. Elles se sont alors multipliées et l'on n'a jamais cessé d'en composer, tandis que le Véda proprement dit s'achève vers le VIIIe siècle avant notre ère. Ainsi il existe, par exemple, une *Allah Upanishad* évidemment postérieure à l'installation de l'islam en Inde (vers le Xe siècle de notre ère) et une *Râmakrishna Upanishad* qui date à coup sûr du XXe siècle puisque le maître qui lui donne son nom est mort en 1886. Toutes cependant sont anonymes et sont rédigées en sanskrit, dans le style habituel à ce type de textes. Elles sont considérées comme faisant partie intégrante du Véda et se distinguent, à ce titre, du reste de la littérature religieuse hindoue.

Ce doit être l'occasion de rappeler que les Upanishads ont été parmi les tout premiers textes indiens que l'Occident ait connus. Il était, certes, de tradition en Europe de parler de la « sagesse de l'Inde mystérieuse », mais on ne pouvait le faire que de confiance, en écho à ce qu'en avaient dit les Grecs et les Latins, puisque depuis la fin de l'Empire romain les relations étaient rompues avec l'Orient lointain. Un moment, au XIIIe siècle, l'intérêt fut ravivé par le récit de voyage de Marco Polo, mais sans que l'on pût y trouver autre chose qu'une sorte de reportage pittoresque. Après Vasco de Gama, le contact direct est repris. Les marchands rapportent de l'Inde des objets qui prouvent le haut degré de civilisation des peuples qui y vivent, mais on laisse aux missionnaires le soin de s'occuper de ce que nous nommerions aujourd'hui les relations culturelles. Au XVIe et au XVIIe siècle, certains de ceux-ci, portant témoignage sur les difficultés qu'ils rencontrent dans l'évangélisation de l'Inde, invoquent le fait que les Indiens professent une religion complète, fondée sur des textes sacrés rédigés dans une langue archaïque et morte depuis longtemps, sauf dans les cercles de théologiens.

D'où, en Europe, une soif de connaître ces textes, cette langue, cette religion. Simultanément, Anglais et Français, également en compétition sur ce terrain, rivalisent pour apporter à l'Europe les Écritures hindoues. Et c'est ainsi qu'au début du XVIIIe siècle, un Français du nom d'Anquetil-Duperron s'embarque pour l'Inde afin d'enquêter sur place sur le brahmanisme et sur la religion de Zoroastre dont il a entendu dire qu'elle se perpétuait en Inde. De son expédition, il rapporte effectivement le Livre sacré des zoroastriens, l'*Avesta*, et cinquante Upanishads traduites en persan. Dès 1746, il en traduit quatre en français et donne en 1801 une traduction intégrale en latin des cinquante Upanishads. Malgré les faiblesses de son travail, dues à sa méconnaissance du sanskrit, l'impact de son livre sera considérable en Europe où l'on apprend simultanément à connaître la Bhagavad Gîtâ (traduite en anglais) et divers ouvrages profanes (dramatiques et lyriques). Tous les romantiques [8] ont été marqués par cette découverte de la pensée indienne et tous les philosophes du XIXe siècle se sont interrogés sur sa valeur, de Hegel à Schopenhauer, de Nietzsche à Keyserling [9]. D'autre part, le déchiffrement du sanskrit montra qu'il s'agissait d'une langue sœur du latin et du grec, des langues celtes, germaniques et slaves, et révéla l'existence d'un peuple que l'on nomma pour cela « indoeuropéen », porteur d'une civilisation dont les Upanishads étaient le témoignage, parmi beaucoup d'autres.

20

Ainsi ces textes étaient dépouillés d'un exotisme de mauvais aloi et la ressemblance de leurs thèses avec celles des présocratiques grecs se trouvait fondée sur leur fidélité à une commune origine.

Ce que Schopenhauer et les autres recherchaient (et trouvaient) dans les Upanishads, c'était l'expression d'une métaphysique à la fois familière et différente. Familière par sa problématique (l'ontologie, les fondements de l'éthique, etc.) et différente parce que étrangère à Aristote, à saint Thomas d'Aquin et à Descartes. Par elles, pensait-on, on atteignait à la pensée païenne la plus ancienne, celle d'Empédocle et d'Héraclite, et sans doute bien en deçà. Intuition d'ailleurs tout à fait juste, puisque les plus anciennes Upanishads ont été élaborées durant le IIᵉ millénaire avant notre ère et que les plus importantes (celles qu'avait traduites Anquetil-Duperron) sont toutes antérieures au VIIIᵉ siècle avant Jésus-Christ. Il reste cependant qu'après l'enthousiasme des débuts, un certain reflux se manifesta. On peut trouver deux raisons à cette relative désaffection : d'une part, la masse des documents mis sur le marché par les orientalistes révèle la complexité de la pensée brahmanique, et les philosophes occidentaux craignent de ne pas être suffisamment informés pour éviter des erreurs de perspective. D'autre part, ces mêmes documents prouvent à l'évidence que la pensée hindoue est profondément religieuse et que tel développement que l'on croyait métaphysique relève en fait de la théologie. Or, c'est justement le moment (fin du XIXᵉ, début du XXᵉ siècle) où la pensée européenne se veut laïque et souvent même anti-religieuse... Après Bergson, le silence se fait.

Une autre raison encore de cette désaffection réside

probablement dans le fait que les milieux occultistes, théosophiques et sectaires tentent à la même époque de confisquer à leur profit les enseignements du brahmanisme, et, tout particulièrement, ceux que contiennent les Upanishads ; or le courant ne passe guère entre ces milieux et l'Université. Ainsi, jusqu'à une date récente, le travail sur la pensée indienne reste l'apanage exclusif des indianistes universitaires cependant que, parallèlement à ce travail mais sans lien avec lui, divers groupes s'efforcent d'acclimater en Europe quelque chose de l'idéologie hindoue. La situation commence à changer après la Première Guerre mondiale lorsque des hommes comme Hermann Keyserling et Carl Gustav Jung remettent en honneur la référence à l'Inde. Les réflexions du premier sur le polythéisme hindou, les recherches du second sur le symbolisme des *mandalas* suscitent un mouvement d'intérêt qu'avive bientôt l'enthousiasme de Romain Rolland [10] pour la spiritualité de l'Inde moderne. L'action de Gandhî, tout à fait neuve dans ses formes, connaît un grand retentissement, surtout après son succès (indépendance de l'Inde : 1947). Or, Gandhî se référait sans cesse aux Upanishads et à la Bhagavad Gîtâ, comme le faisaient également les grands maîtres spirituels contemporains : Râmakrishna, Vivékânanda, Aurobindo. Il faudrait ajouter à cela la renaissance de l'histoire des religions avec des œuvres comme celles de Mircéa Eliade et Georges Dumézil, où les pages sur l'Inde se comptent par centaines, et le développement des sciences humaines : sociologues, ethnologues, historiens des mentalités ne peuvent se dispenser de discuter la théorie indienne des castes, pour ne citer qu'un exemple illustré par les travaux de Max Weber ou de Louis Dumont [11].

Il s'en faut cependant que l'information fournie soit suffisante. Sur les quelque deux cent cinquante Upanishads que l'on peut recenser [12], à peine une centaine ont été traduites en anglais et moins de quarante en français ! Et celles qui le sont le plus souvent sont toujours les mêmes : l'Ishâ, la Kéna, la Katha, la Mundaka, etc., c'est-à-dire celles où, apparemment, la métaphysique est le mieux représentée. On oublie cependant que celle-ci l'est toujours à l'occasion de discussions sur le rituel et avec référence à celui-ci. En outre, de nombreux passages de la Brihad-Âranyaka ou de la Chândogya, pour ne citer que les plus prestigieuses, relèvent de la magie (comment concevoir un enfant, comment expulser un démon, comment gagner l'amour d'une femme, comment confectionner un philtre, etc.); on les passe généralement sous silence, comme on fait des innombrables passages où s'exprime un mysticisme fervent *(bhakti)*. Or, aux yeux des hindous, les Upanishads forment toutes ensemble un corpus cohérent (on dit souvent « l'Upanishad » pour parler de la pensée « des » Upanishads). On ne devrait donc, si l'on voulait respecter cette pensée, ni en expurger le texte ni « oublier » la masse des Upanishads arbitrairement qualifiées de « mineures » en Occident. C'est délibérément que l'on a choisi de réunir ici quelques-uns de ces textes inconnus du public français. On verra que le contenu n'en est pas moins intéressant que celui des Upanishads dites « majeures ». L'âme indienne s'y révèle dans sa diversité, c'est-à-dire dans sa richesse.

Le brahman

L'essentiel de la réflexion des *rishis,* auteurs des Upanishads, porte sur le problème de l'ultime réalité des choses. Y a-t-il une « vérité » *(satya)* du monde ? Ou ce dernier n'est-il qu'un jeu d'apparences mensongères ? Contrairement à une opinion trop répandue en Occident [1], le brahmanisme ne nie pas l'existence des choses, mais au contraire la pose avec force, comme un principe de base, un axiome indiscutable. L'univers « est », il existe, à la fois dans son ensemble, c'est-à-dire en tant que Tout *(sarva),* et dans chacune de ses parties. L'homme, par exemple, n'est ni plus ni moins réel que l'univers ; il lui ressemble dans la mesure même où il en est l'un des éléments constitutifs et ce qu'il fait, ce qu'il pense participe authentiquement de l'Harmonie universelle *(dharma).* Cependant, l'une des caractéristiques de l'existence, c'est, aux yeux des Indiens, le changement. Les Upanishads, pour désigner « le monde », utilisent des mots tels que *bhâva* (ou sa variante : *bhâvana*), « ce qui est en devenir », *jagat,* « le mouvant », *prakriti,* « transformation », etc. L'idée est que le Tout ressemble à un être vivant qui naît, grandit, vieillit et meurt, pour renaître ensuite des restes de l'univers précédent. Ainsi rien n'a de commencement absolu ni de fin véritable; l'adage « rien ne se crée, rien ne se perd, tout se transforme » correspond tout à fait à la vision du monde que professe le brahmanisme classique.

Bien entendu, l'univers ainsi conçu a quelque chose d'insaisissable. Il ressemble à une construction provisoire et la précarité de l'existence peut être angoissante pour qui y réfléchit. D'où, dans les textes anciens, ces développements sur la douleur *(duhkha)* de l'existence : les biens de ce monde sont, par nature, évanescents. Malheur à qui s'attache à eux! Lorsqu'ils s'évanouissent, on a le sentiment d'avoir été floué. Mais cette frustration n'est due qu'à l'ignorance : celui qui sait que l'existence est un perpétuel devenir n'a pas à s'en inquiéter. Conscient de la place qui est la sienne dans l'univers, il agit en conséquence : détaché des « fruits de l'action » parce qu'il est lucide et connaît leur relativité, mais attentif à son devoir (autre sens du mot *dharma*), parce qu'il sait que celui-ci est une nécessité « cosmique » au sens le plus fort du terme.

Reste à savoir s'il n'y a rien d'autre que cette mouvance perpétuelle, pareille à un océan, ou si celle-ci se définit par référence à un principe stable, permanent, immobile. En somme : y a-t-il une essence « derrière » l'existence ? A cette question fondamentale, on sait que le brahmanisme répond par l'affirmative et le bouddhisme par la négative. L'un et l'autre aiment à représenter symboliquement l'univers par une roue de char : en son centre le moyeu est traversé par un essieu, selon les hindous, alors que les bouddhistes l'imaginent vide. Pour les premiers, la roue trouve sa raison d'être dans l'axe autour duquel elle tourne; pour les seconds, elle existe par elle-même, pour elle-même, indépendamment de quoi que ce soit sinon d'elle-même. Mais le vide du moyeu paraît absurde aux hindous, pour qui une chose ne peut exister que si elle est efficace. Or, que serait une roue sans pivot?

Ou, si l'on préfère, comment définir l'existence si ce n'est en l'opposant à l'essence? Selon la logique des Upanishads, seule la relation dialectique est significative : le chaud n'est tel que par rapport au froid (et vice versa), le sec par rapport à l'humide, le ciel à la terre, etc. Le monde n'est là, relatif, changeant, limité (dans le temps et dans l'espace), que parce que le soutient un « autre chose », absolu, immuable, illimité (« en dehors » du temps et de l'espace). De cet absolu on ne peut évidemment rien dire, puisque toute tentative de définition implique l'attribution (ou la négation) de qualités : ce qui est « sans qualités » *(nir-guna)* ne peut être décrit. Mais, puisque le langage humain est fait de mots, le moins mauvais de ceux-ci sera le pronom neutre *tad* (« Cela »), dont le Véda et les Upanishads font grand usage. Avec, souvent, des précisions qui, théoriquement, devraient être inutiles, mais que les auteurs utilisent sans hésitation car il faut bien se faire comprendre. On dira donc *tad ekam*, « cet Un », *tad ekam advaïtam*, « Cela, Unique, sans second », *tad an-antam*, « Cela, l'Illimité », etc. Du point de vue métaphysique, ces épithètes sont redondantes car l'Absolu est, par définition, unique, illimité, etc. ; mais on ne doit pas oublier que les Upanishads sont des textes pédagogiques : l'insistance, la répétition, les approximations successives étaient utilisées par les maîtres, et le sont encore aujourd'hui. On osera donc ajouter que l'Absolu est suprême *(parama)* ou supérieur *(uttama)*, ce qui paraît impliquer l'existence d'un rival!... En fait, l'instructeur usait de telles expressions pour rappeler à son auditoire que «Cela» *(tad)* est «au-dessus de toutes choses», c'est-à-dire «transcende toute réalité».

De plus, une intention polémique n'est certainement pas absente de formulations de ce genre. La pensée indienne est foncièrement «mythologique», c'est-à-dire à la fois encline à s'exprimer en langage mythique (ou symbolique) et attentive à reconnaître en chaque force cosmique le dieu ou la déesse qui la régit. En saine doctrine, il est évident que Cela *(tad)*, étant au-delà de toute forme d'existence, transcende le panthéon comme n'importe quel autre aspect de la réalité : dans la mesure où ils existent, les dieux font partie intégrante de l'univers et dépendent donc, métaphysiquement, de l'Absolu indifférencié. Pourtant, la tentation est grande de «personnifier» (c'est-à-dire, ici, de «déifier») la Transcendance en posant un «dieu au-delà des dieux». En raison de l'importance des milieux dévotionnels dans l'hindouisme, nombreux sont les textes où tel ou tel personnage divin est identifié à l'Absolu et accède, de ce fait, au statut de «Personne suprême» *(purushottama),* de Dieu Transcendant, etc. Les Upanishads cèdent rarement à ladite tentation. Lors même qu'elles relèvent de la *bhakti* (dévotion ardente), elles restent le plus souvent fidèles à la théologie brahmanique et font du Seigneur qu'elles célèbrent une hypostase de l'Absolu, ou une manifestation de sa puissance. On dira par exemple au dieu que l'on vénère : «Tu es l'Absolu rendu sensible aux yeux *(pratyaksha :* "manifeste, évident")!»

L'expression la plus claire de ce phénomène réside

dans l'utilisation du mot *brahman* pour désigner l'Absolu. Au neutre, ce nom équivaut à *tad,* « Cela » ; mais il peut être mis au masculin et devient alors le nom de l'un des dieux majeurs de l'hindouisme. Pour plus de commodité, et afin d'éviter l'équivoque, on écrit souvent Brahmâ (qui est le nominatif de *brahman*-masculin), réservant la forme *brahman* au substantif neutre. Mais il faut souligner que, pour les hindous, les deux mots sont très proches ou plus exactement qu'ils sont, l'un et l'autre, deux facettes d'un même terme. Dire que la *trimûrti* (la triade des dieux supérieurs) est formée de Brahmâ, Vishnu, Shiva, c'est se référer implicitement à la théologie du *brahman*-neutre (l'Absolu), hypostasié en trois personnes divines dont le rôle est de produire l'univers (Brahmâ), de le conserver (Vishnu), puis de le dissoudre lorsque les temps sont venus (Shiva). Viennent ensuite les innombrables divinités du panthéon, puis, successivement, les génies, les demi-dieux, les hommes, les animaux, les formes inférieures de la vie. Construction majestueuse, dont l'ordonnance est peut-être un peu trop claire pour correspondre aux croyances que vivent les fidèles. D'où, dans les Upanishads, des hésitations, sinon des contradictions.

On en aura un exemple dans le célèbre troisième chapitre *(tritîyah khandah)* de la Kéna Upanishad où les rapports entre l'Absolu et le monde divin sont évoqués à travers un récit mythique mettant en scène, d'une part, le *brahman* (neutre !) et, d'autre part, trois des principaux dieux du Véda : Agni, dont le domaine est celui du Feu (flammes, chaleur, lumière), Vâyu, qui règne sur le Vent (l'air, le souffle), Indra, roi des dieux, à qui rien n'échappe. D'emblée, on remarque l'équivoque : comment l'Absolu pourrait-il participer à une action quelconque ? Comment même les dieux pourraient-ils avoir conscience de sa présence ? Mais c'est bien ce que dit l'Upanishad : les dieux sont au-dessus de tous les êtres, ils règnent sur l'univers depuis qu'ils ont remporté la victoire sur les démons qui leur disputaient l'empire du monde. Tout naturellement, ils s'enorgueillissent de cette victoire, ignorant qu'en réalité celle-ci n'a pu exister que parce que le *brahman* « soutient » les choses. Il est le pivot autour duquel la roue tourne, mais ceux qui sont sur la roue et profitent de son mouvement peuvent oublier que tout dépend de l'axe. Ainsi, nous explique-t-on, le *brahman* se manifeste afin de faire l'éducation des Régents du Monde. Étonnés, les dieux se demandent quelle est cette manifestation (en sanskrit *yaksha,* mot qui a le double sens d' « apparition » et de « génie ») et, vaguement inquiets, s'approchent d'elle à tour de rôle.

Agni doit reconnaître qu'il ne peut la brûler, Vâyu qu'il ne peut l'emporter, Indra qu'il ne peut la réduire à sa merci (elle « s'écarta de lui », *tasmât tiro-dadhé*). Indra cependant voit sa royauté confirmée par le fait que la déesse Umâ, rencontrée par lui sur les lieux de l'épreuve, lui a expliqué que le *brahman* se dissimulait sous les traits de ce génie mystérieux. Ainsi, comprendre ce qu'est l'Absolu, reconnaître sa suprématie [2], c'est se dépasser soi-même, c'est se hausser à un statut supérieur. On reconnaît là la « morale » des auteurs des Upanishads pour qui c'est la connaissance qui sauve, non les œuvres : Indra est roi de l'univers « parce que c'est lui qui, le premier de tous, reconnut ce qu'est le *brahman* » (str. 28).

Le brahman
(Kéna Upanishad : 3)

14 *C'est le brahman qui vainquit pour les dieux.*
Ceux-ci cependant se vantaient de cette victoire que
le brahman avait remportée pour eux.
Ils prétendaient que cette victoire était la leur, que
cet exploit était le leur.

15 *Ayant eu vent de ce qu'ils prétendaient, le brahman*
se manifesta à eux.
Ils ne le reconnurent point et se demandèrent :
« Quel est donc ce Génie ? »

16 *Ils dirent à Agni : « Toi qui connais tous les êtres, va*
donc reconnaître qui est ce Génie ! »

17 *Il acquiesça et courut au brahman ; celui-ci l'inter-*
rogea : « Qui es-tu, toi ? — Je suis Agni, je connais
tous les êtres [3] *! »*

18 *« Et quelle est ta puissance ? — En vérité je puis*
brûler tout ce qu'il y a sur cette terre ! »

19 *Le brahman déposa un brin d'herbe devant Agni et lui dit : « Brûle donc ceci ! » Agni s'y rua, mais ne put le brûler.*
Il revint chez les dieux : « Je n'ai pu reconnaître qui est ce Génie. »

20 *Ils dirent à Vâyu : « Toi, Vâyu, va reconnaître qui est ce Génie ! » Il acquiesça et courut au brahman.*

21 *Celui-ci l'interrogea : « Qui es-tu, toi ? — Je suis Vâyu, je me gonfle dans le sein de ma mère* [4] *! »*

22 *« Et quelle est ta puissance ? — En vérité, je puis emporter tout ce qu'il y a sur cette terre ! »*

23 *Le brahman déposa un brin d'herbe devant Vâyu et lui dit : « Emporte donc ceci ! » Vâyu s'y rua, mais ne put l'emporter.*
Il revint chez les dieux : « Je n'ai pu reconnaître qui est ce Génie. »

24 *Ils dirent à Indra : « Toi qui es généreux, Indra, va donc reconnaître qui est ce Génie ! »*
Il acquiesça et courut au brahman ; mais celui-ci s'écarta [5].

25 *Or, dans le même espace, il rencontra une femme de toute beauté.*
C'était Umâ, qui réside dans l'Himalaya. Il lui demanda : « Quel est donc ce Génie ? »

26 *« C'est le brahman ! expliqua-t-elle, vous vous êtes prévalus d'une victoire qui fut en réalité remportée par ce brahman ! »*

27 *Ainsi comprit-il ce que c'est que le brahman ; et si Agni, Vâyu, Indra sont au-dessus des autres dieux, c'est parce qu'ils se sont approchés du brahman, c'est parce qu'ils ont reconnu, les premiers, ce qu'est le brahman.*

28 *Et Indra est vraiment au-dessus de tous les dieux parce que c'est lui qui approcha le plus du brahman,*

parce que c'est lui qui, le premier de tous, reconnut ce qu'est le brahman.

Tu es Cela

Le mythe de la rivalité des dieux et du *brahman* (Kéna Upanishad, ci-dessus) mettait en évidence le fait qu'Agni, Vâyu et Indra étaient au-dessus des autres dieux simplement parce qu'ils avaient « approché le *brahman* » ; et la royauté universelle d'Indra y était justifiée « parce que c'est lui qui, le premier de tous, reconnut ce qu'est le *brahman* ». Ainsi, connaître le *brahman*, c'est s'assurer la suprématie universelle. De nombreux autres textes expliquent, de la même façon, que l'homme peut (et doit) faire son salut par la connaissance *(jnâna)*. Prisonnier des séductions mondaines, l'individu est destiné à renaître indéfiniment ; mais s'il reconnaît la précarité du monde phénoménal, s'il prend conscience que l'existence dépend de l'essence qui la transcende absolument, il est sauvé. Comment, en effet, pourrait-il encore s'abandonner à des prestiges dont il vient de reconnaître le caractère précaire et fallacieux ? Ainsi la connaissance détermine la délivrance *(moksha)* des liens de la transmigration *(samsâra)*.

Mais puisque le *brahman* (ou *tad*, « Cela ») est l'Absolu, comment des êtres qui, par nature, appartiennent

au domaine du relatif peuvent-ils en avoir connaissance ? L'existence peut-elle appréhender l'essence ?
Osera-t-on transformer l'Absolu en « objet » de
connaissance ? Les *rishis* étaient de trop bons métaphy-
siciens pour tomber dans de tels pièges. Que le
brahman soit inconnaissable par les moyens ordinaires
(le raisonnement logique, l'étude, etc.) est un leitmotiv
des Upanishads, lesquelles n'ont d'ailleurs rien de
commun avec ce que l'on nomme en Occident « philosophie ». C'est de « sagesse » en effet qu'il est question
dans ces textes, c'est-à-dire d'un type de connaissance
qui ne fait pas appel au raisonnement logique mais à
l'intuition intellectuelle *(prajnâ)*. La dialectique sujet/
objet y est totalement dépassée, car il va sans dire que
seul l'Absolu peut connaître l'Absolu. Si certains
êtres (hommes ou dieux) peuvent accéder à une telle
connaissance, c'est qu'ils sont eux-mêmes l'Absolu.
   Ou, plus exactement, c'est parce que l'Absolu « réside » en eux, comme il réside « au centre » du monde.
Selon le principe d'analogie, « ce qui est en bas est
comme ce qui est en haut », c'est-à-dire que chaque
partie du Tout est à l'image de ce Tout lui-même ; si
l'univers existentiel est une roue tournant autour d'un
axe — l'essence, le *brahman* —, l'homme est lui aussi
centré sur l'Absolu. A ce « *brahman*-en-l'homme », les
Upanishads donnent le nom d'*âtman*, « âme [1] », « soi »,
mais n'usent de ce vocable que par commodité de
langage, car il est entendu que l'*âtman,* c'est le
brahman. Ainsi donc, si le *brahman* est en nous, il peut
se connaître lui-même et, lorsque nous nous imaginons
que nous savons ce qu'est le *brahman,* c'est en réalité
l'Absolu qui, en nous, prend conscience de lui-même
(encore cette formulation est-elle trop anthropomorphi-

que). Il faut ajouter cependant que cette contemplation muette n'est pas perçue par l'individu moyen qui, aveuglé par les fantasmagories du monde existentiel, ne décèle pas la présence de l'*âtman-brahman* au tréfonds de lui-même. Il convient donc de l'amener à prendre conscience de son être véritable et cela, qui relève de l'enseignement, constitue la première étape du chemin qui le conduira jusqu'au salut.

En effet, selon l'adage «on devient ce que l'on connaît», l'homme qui apprend que l'*âtman-brahman* est le centre de son être devient, pleinement, l'*âtman-brahman*. On dit, en sanskrit, qu'il «réalise» l'*âtman* et donc s'identifie à lui. Répétons qu'il s'agit, en fait, de retrouvailles (ou de découverte émerveillée) car il va sans dire que l'on ne pourrait exister sans cet axe; mais on peut vivre comme une machine et c'est ce que font les hommes ordinaires, selon les auteurs des Upanishads. Ainsi la voie qui conduit à la délivrance commence, chez l'individu qui se sent appelé, par l'acceptation de son ignorance. Elle se continue par la recherche du maître qui pourra lui enseigner ce qu'est le monde et ce que sont les êtres qui le composent. Elle se poursuit par l'apprentissage des techniques de méditation permettant au disciple de «voir son âme» (de «réaliser l'*âtman* en lui»). Elle s'achève par la découverte intuitive de l'identité du *brahman* et de l'*âtman*.

Le Chândogya Upanishad contient, en son sixième chapitre, un entretien de ce type. Un maître célèbre, Uddalaka Aruni, enseigne à son disciple (en l'occurrence son propre fils, Shvétakétu) que l'*âtman-brahman* est l'axe du monde, l'essence, l'assise sur quoi toutes choses reposent, et que chaque être, étant analogue à l'univers, repose également sur cette assise unique. « Et toi aussi, tu es Cela, Shvétakétu ! » s'écrie-t-il, formule célèbre qui exprime l'identité de l'*âtman* (le « Soi ») et du *brahman* (le « Cela »). Pour mieux éveiller en son fils l'intuition de sa nature « essentielle », Uddalaka Aruni use de comparaisons : les rivières, explique-t-il (section V), ont connaissance de leur individualité tant qu'elles coulent, mais quand elles se sont toutes réunies dans l'Océan, que sont-elles sinon une onde unique, indifférenciée ? Façon de dire que leur être véritable est l'eau, partout la même. Elles existent en tant que rivières (et donc sont réelles dans le domaine phénoménal), mais leur essence (leur *âtman*) est l'eau : derrière l'apparente diversité de leur cours (les unes coulent vers l'est, d'autres vers l'ouest, etc.) réside l'unité fondamentale, substantielle.

Ailleurs (VI), il est question de la vie qui est une et permanente, par-delà la multiplicité des vivants et des morts. Ailleurs encore (VII), Uddalaka Aruni met en garde Shvétakétu contre l'illusion de croire que l'on peut voir l'essence : ce qui fait naître et se dresser un figuier, dit-il, ce ne sont pas les graines que contient la figue mais la puissance — invisible, par définition — qui réside mystérieusement en elles. Nous ne voyons pas le sel dans l'eau de mer (VIII) et c'est pourtant lui qui, invisiblement, mystérieusement, fait que l'eau de mer est « eau de mer » et non pas autre chose. Pour finir (IX et X), deux petits apologues rappellent que l'enseignement est un guide sur la voie du salut (c'est-à-dire sur le chemin de la connaissance intuitive de l'*âtman-brahman*) et que la vérité (c'est-à-dire l'exactitude de l'enseignement) est une puissance cosmique, puisqu'elle est une manifestation (ou un aspect) de l'*âtman-brahman*.

Tu es Cela
(Chândogya Upanishad : 6.8)

I

Uddalaka Aruni s'adressa à son fils : « Apprends de moi, mon cher Shvétakétu, ce que c'est que le sommeil. Quand ici-bas, un homme dort, comme on dit,
« il est en fait uni à l'Être, il s'est résorbé en lui-même et c'est pour cela qu'on dit de lui : il dort. Il s'est résorbé en lui-même.

« Et de même qu'un oiseau, un fil à la patte, vole de-ci de-là et, ne trouvant où se réfugier, finalement se pose là même où le fil est lié,
« de même, mon cher, notre pensée vole de-ci de-là et ne trouvant où se réfugier, finalement se pose sur le souffle même, car c'est au souffle qu'elle est liée.

II

« Apprends de moi maintenant, mon cher Shvétakétu, ce que sont la faim et la soif.
« Quand ici-bas un homme a faim, comme on dit, et qu'il mange, les eaux emmènent ce qu'il a mangé ;

« *et de même que l'on parle d'un qui mène des vaches, d'un qui mène des chevaux, d'un qui mène des hommes, de même on parle des eaux comme de celles qui mènent la nourriture.*

III

« *Là, mon cher Shvétakétu, considère que ton corps est un plant qui a poussé. Ce plant peut être dépourvu de racine. Et cette racine, où serait-elle, sinon dans la nourriture ?*

« *De la même façon, lorsque la nourriture est le plant, sache que l'eau est la racine ; et, lorsque l'eau est le plant, sache que le feu est la racine ; enfin, lorsque le feu est le plant, sache que l'Être est la racine.*

« *Toutes les créatures, ici-bas, ont l'Être pour racine, l'Être pour refuge, l'Être pour support.*

« *Et maintenant, quand ici-bas un homme a soif, comme on dit, et qu'il boit, le feu emmène ce qu'il a bu ;*

« *et de même que l'on parle d'un qui mène des vaches, d'un qui mène des chevaux, d'un qui mène des hommes, de même on parle du feu comme d'un qui mène l'eau.*

III

« *Là, mon cher Shvétakétu, considère que ton corps est un plant qui a poussé. Ce plant ne peut être dé-*

pourvu de racine. Et cette racine, où serait-elle sinon dans l'eau?

« *De la même façon, lorsque l'eau est le plant, sache que le feu est la racine; et lorsque le feu est le plant, sache que l'Être est la racine.*

« *Toutes les créatures, ici-bas, ont l'Être pour racine, l'Être pour refuge, l'Être pour support.*

« *Et comment ces trois divinités que sont le feu, l'eau, la nourriture se combinent triplement en l'homme, je te l'ai déjà expliqué. Sache seulement que lorsqu'il meurt, sa voix passe dans la pensée, sa pensée dans son souffle, son souffle dans le feu et le feu dans cette divinité suprême qu'est l'essence subtile.*

« *L'univers tout entier s'identifie à cette essence subtile, qui n'est autre que l'Ame! Et toi aussi, tu es Cela, Shvétakétu!* »

IV

« *Seigneur, instruisez-moi davantage!* » demanda-t-il à son père. Celui-ci accepta :

« *Les abeilles, mon cher Shvétakétu, préparent le miel en recueillant les sucs de plantes diverses qu'elles réduisent à un suc unique. Mais, de même que ces divers sucs sont incapables, après avoir été réduits à l'unité, de se souvenir qu'ils appartenaient les uns à telle plante, les autres à telle autre, de même, mon cher, toutes les créatures ici-bas lorsqu'elles entrent dans l'Être, ignorent qu'elles y entrent : tigre ou lion, loup ou sanglier, ver ou papillon, mouche ou mousti-que, quelle que soit leur condition ici-bas, elles sont toutes identiques à cet Être qu'est l'essence subtile.*

« L'univers tout entier s'identifie à cette essence subtile, qui n'est autre que l'Ame! Et toi aussi, tu es Cela, Shvétakétu! »

V

« Seigneur, instruisez-moi davantage! » demanda-t-il à son père. Celui-ci accepta :

« Les rivières, mon cher Shvétakétu, coulent : celles d'Orient vers l'est, celles d'Occident vers l'ouest [2]. Sorties de l'Océan, elles retournent à l'Océan. Elles deviennent l'Océan lui-même. Mais de même que, devenues l'Océan, elles sont incapables de se souvenir d'avoir été telle ou telle rivière, de même, mon cher, toutes les créatures ici-bas, bien qu'elles sortent de l'Être, ignorent qu'elles sortent de l'Être : tigre ou lion, loup ou sanglier, ver ou papillon, mouche ou moustique, quelle que soit leur condition ici-bas, elles sont toutes identiques à cet Être qu'est l'essence subtile.

« L'univers tout entier s'identifie à cette essence subtile qui n'est autre que l'Ame! Et toi aussi, tu es Cela, Shvétakétu! »

VI

« Seigneur, instruisez-moi davantage! » demanda-t-il à son père. Celui-ci accepta :

« De ce grand arbre, mon cher Shvétakétu, si l'on frappait la racine, elle perdrait de la sève mais il

continuerait de vivre; si l'on frappait le tronc, il per-
drait de la sève, mais il continuerait de vivre; si l'on
frappait ses branches, elles perdraient de la sève, mais
il continuerait de vivre. Pénétré par l'Ame qui est la vie
même, il se dresse, se plaisant à boire avidement l'hu-
midité du sol.

« Mais que la vie quitte une branche et la voici qui
sèche, qu'elle en quitte une seconde et la voici qui
sèche, une troisième et la voici qui sèche; elle quitte
l'arbre tout entier et le voici qui sèche tout entier.

« Comprends bien cela, mon cher: lorsque la vie
quitte quelqu'un, il meurt, mais la vie, elle, ne meurt
pas qui est identique à l'essence subtile.

« L'univers tout entier s'identifie à cette essence
subtile, qui n'est autre que l'Ame! Et toi aussi, tu es
Cela, Shvétakétu! »

VII

« Seigneur, instruisez-moi davantage! » demanda-
t-il à son père. Celui-ci accepta:

« Apporte-moi une figue! — La voici, Seigneur. —
Ouvre-la! — La voici ouverte, Seigneur. — Qu'y
vois-tu? — Des sortes de petits pépins, Seigneur. —
Prends-en un et partage-le. — Voici qui est fait, Sei-
gneur. — Qu'y vois-tu? — Rien du tout, Seigneur. »

Alors il lui expliqua: « Il y a là, mon cher, cette
essence subtile, et tu ne la vois pas. C'est par elle que
l'arbre se dresse, si grand qu'il soit.

« Aie confiance, mon cher! L'univers tout entier
s'identifie à cette essence subtile qui n'est autre que
l'Ame! Et toi aussi, tu es Cela, Shvétakétu! »

VIII

« *Seigneur, instruisez-moi davantage!* » *demanda-t-il à son père. Celui-ci accepta :*

« *Voici du sel. Jette-le dans cette eau et reviens me voir demain matin.* » *Shvétakétu fit ainsi, et le lendemain son père lui demanda :* « *Ce sel qu'hier tu jetas dans cette eau, rends-le-moi.* » *Il le chercha et ne le trouva point car il était entièrement dissous.* « *Bois de l'eau, prise à la surface. Comment est-elle? — Salée! — Bois-en encore, prise à mi-profondeur. Comment est-elle? — Salée! — Bois-en encore, prise tout au fond. Comment est-elle? — Salée! — Bois-en encore et reviens près de moi. — C'est toujours la même chose!* » *dit Shvétakétu, et son père lui expliqua :*

« *Ainsi, mon cher, tu ne vois pas l'Être. Il est là cependant; il est cette essence subtile. Et l'univers tout entier s'identifie à elle, qui n'est autre que l'Ame! Et toi aussi, tu es Cela, Shvétakétu!* »

IX

« *Seigneur, instruisez-moi davantage!* » *demanda-t-il à son père. Celui-ci accepta :*

« *Imagine, mon cher Shvétakétu, que l'on amène du pays Gandhâra un homme dont on a bandé les yeux. On l'abandonne en quelque endroit désert. Il erre, désemparé, vers l'est, ou le nord, l'ouest, ou le sud. Mais, si quelqu'un survient qui le délivre de son bandeau et lui indique que son pays est dans telle direction, lui montrant où aller, l'homme, dûment renseigné et s'informant de son chemin de village en village, atteindra à coup sûr le Gandhâra.*

« *De la même façon, l'homme qui suit l'enseignement d'un maître sait bien qu'il parviendra au but quel que soit le temps qu'il lui faudra pour se délivrer du bandeau de l'ignorance.*

« *Oui, il parviendra à ce but qu'est l'essence subtile. L'univers tout entier s'identifie à elle, qui n'est autre que l'Ame! Et toi aussi, tu es Cela, Shvétakétu!* »

X

« *Seigneur, instruisez-moi davantage!* » demanda-t-il à son père. Celui-ci accepta :

« *Imagine encore, mon cher Shvétakétu, que l'on amène un homme, les mains liées, l'accusant d'avoir dérobé, d'avoir commis un vol: "Que l'on fasse chauffer la hache pour lui!" ordonne-t-on.*

« *Si, malgré ses dénégations, il est réellement l'auteur du méfait, il s'identifie à son mensonge. Pactisant avec le mensonge, s'entourant de mensonge, il saisit la hache chauffée au rouge. Il se brûle. On l'exécute.*

« *Mais si, comme il l'affirme, il n'est pas l'auteur du méfait, il s'identifie à la Vérité qu'il proclame. Faisant alliance avec la Vérité, s'entourant de Vérité, il saisit la hache chauffée au rouge. Il ne se brûle pas. On le libère.*

« *De même qu'en cette occasion c'est grâce à la Vérité qu'il ne se brûle pas, de même cet univers tout entier s'identifie à la Vérité, laquelle n'est autre que l'Ame! Et toi aussi, tu es Cela, Shvétakétu!* »

C'est ce qu'apprit Shvétakétu de son maître, oui c'est cela qu'il apprit de lui.

L'âtman

L'affirmation que l'Absolu (le *brahman*) est présent en chaque être sous la forme de l'*âtman* (« l'âme », « le soi ») entraîne une glorification de celui-ci en des termes identiques à ceux que l'on utilise pour célébrer le *brahman*. Et, bien souvent, la louange s'adresse conjointement à l'*âtman* et au *brahman*, distingués seulement pour les besoins de l'enseignement. Souvent aussi les termes utilisés sont inversés : on parle, par exemple, de « l'*âtman* de l'univers », étant bien entendu que cette Ame du Monde n'est qu'un autre nom de l'Essence, de l'Absolu, du *brahman*, axe autour duquel tourne la Roue cosmique.

A titre d'exemples, on trouvera ci-après trois textes de ce type. Tous appartiennent à des Upanishads célèbres, parmi les plus importantes et les plus anciennes.

Le premier, « Célébration du Miel », est emprunté à la Brihad-Âranyaka Upanishad. L'*âtman-brahman* y est présenté comme l'essence subtile (la « saveur » : *rasa*) de l'univers et des êtres qui le composent. Successivement, quelques-unes des manifestations de la puissance cosmique (les éléments : terre, eau, feu, etc.; les astres: soleil, lune; le tonnerre, l'éclair, l'espace, etc.) sont assimilées à du miel, c'est-à-dire à ce qu'il y a de meilleur en elles (comme en chaque être). La terre « se fait miel » pour les hommes et les hommes, en retour, doivent « se faire miel » pour elle, c'est-à-dire: doivent reconnaître en eux-mêmes l'*âtman* identique au *brahman* qui est l'essence de la terre. Y parviennent-ils qu'ils reconnaissent « le personnage » (*purusha,* autre nom de l'*âtman-brahman*) qui réside dans la terre et réalisent que ledit personnage réside également en eux-mêmes. Sachant alors que ce *purusha* est l'*âtman-brahman,* ils sont sauvés (ils obtiennent la délivrance, *moksha*). Ajoutons que la référence au Miel *(madhu)* et à l'Ambroisie *(amrita)* a valeur rituelle: la cérémonie majeure de la liturgie védique consiste en une offrande de *soma,* boisson enivrante, que l'on identifie au « breuvage d'immortalité », ce nectar que les dieux boivent au Ciel et qui est délicieux, comme l'est ici-bas le miel (ou l'hydromel).

Le deuxième texte, « Le brahman et l'univers », regroupe quelques versets de la Mundaka Upanishad. On y voit le dieu Brahmâ (première hypostase du *brahman*-neutre) enseigner au *rishi* Atharva ce qu'est l'Absolu, appelé d'abord *brahman,* puis *purusha* (autre nom de l'*âtman*). L'idée centrale est que tout ce qui existe procède de l'Essence, c'est-à-dire du *brahman* « sans qualité » (le texte dit qu'il est « sans famille, ni caste... sans mains ni pieds », etc.). Puis, par un glissement habituel dans ce type de célébrations, on affirme qu' « il est tout l'univers », ce qui ne signifie nullement que les contingences « sont le *brahman* », ce qui serait absurde, mais que l'Absolu est au cœur de chaque chose, de chaque être, comme ce qu'il y a de meilleur en lui. Ainsi on peut affirmer que l'univers est semblable à un homme (autre sens du mot *purusha*) dont la tête serait le dieu du Feu (Agni), les deux yeux les divinités du Soleil et de la Lune, etc. Puisque tout procède de l'*âtman-brahman-purusha,* le monde en son ensemble et en chacune de ses parties est une manifestation de la puissance du *brahman :* savoir cela, dit le texte en conclusion, c'est «trancher le nœud de l'ignorance» et donc être sauvé.

Quant au troisième texte, «Hymne à l'âtman», il est emprunté non pas à une Upanishad mais à un Brâhmana (le Shatapatha). Ces genres de textes sont voués à l'exégèse des rites védiques et, comme tels, font partie du Véda lui-même. Leur nom indique d'ailleurs dans quel esprit ils commentent la liturgie : non pas pour l'expliquer au sens trivial du terme, mais pour y découvrir une manifestation de l'Absolu (le *brahman,* d'où leur nom). L'acte rituel, dans la mesure même où il existe, doit receler en lui le *brahman* et sans doute d'une façon particulièrement éminente puisque ce sont les dieux qui ont enseigné le sacrifice aux hommes. Dans le passage qui est donné ici, l'auteur, le *rishi* Shândiliya (cf. le verset final) commence par poser que le *brahman* est l'ultime Réalité (*satya,* le mot signifie aussi «Vérité»); or, la réalité de l'être humain, c'est d'être une «force spirituelle», c'est-à-dire l'*âtman-brahman,* comme cela est dit expressément dans les versets conclusifs. Cette âme survit évidemment à la mort du corps (ce qui implique que la connaître, c'est faire son salut). Suit alors une magnifique célébration de l'*âtman* qui, quoiqu'en prose, mérite bien le nom d' «hymne» qui lui est ici donné.

Célébration du Miel
(Brihad-Âranyaka Upanishad : 2.5)

1 *La terre que voici est du miel pour tous les êtres, et tous les êtres sont du miel pour cette terre ;*
quant à ce personnage fait de feu et d'ambroisie qui réside dans la terre, personnage qui, du point de vue humain, réside dans le corps,
il est l'Ame en vérité, il est l'Ambroisie, le brahman, toutes choses !

2 *Les eaux que voici sont du miel pour tous les êtres, et tous les êtres sont du miel pour ces eaux ;*
quant à ce personnage fait de feu et d'ambroisie qui réside dans les eaux, personnage qui, du point de vue humain, réside dans le sperme,
il est l'Ame en vérité, il est l'Ambroisie, le brahman, toutes choses !

3 *La flamme que voici est du miel pour tous les êtres, et tous les êtres sont du miel pour cette flamme ;*
quant à ce personnage fait de feu et d'ambroisie qui réside dans la flamme, personnage qui, du point de vue humain, réside dans la parole,

il est l'Ame en vérité, il est l'Ambroisie, le brahman, toutes choses !

4 *Le vent que voici est du miel pour tous les êtres, et tous les êtres sont du miel pour ce vent ;*
quant à ce personnage fait de feu et d'ambroisie qui réside dans le vent, personnage qui, du point de vue humain, réside dans le souffle,
il est l'Ame en vérité, il est l'Ambroisie, le brahman, toutes choses !

5 *Le soleil que voici est du miel pour tous les êtres, et tous les êtres sont du miel pour ce soleil ;*
quant à ce personnage fait de feu et d'ambroisie qui réside dans le soleil, personnage qui, du point de vue humain, réside dans l'œil,
il est l'Ame en vérité, il est l'Ambroisie, le brahman, toutes choses !

6 *Les orients que voici sont du miel pour tous les êtres, et tous les êtres sont du miel pour ces orients ;*
quant à ce personnage fait de feu et d'ambroisie qui réside dans les orients, personnage qui, du point de vue humain, réside dans l'oreille et dans l'écho,
il est l'Ame en vérité, il est l'Ambroisie, le brahman, toutes choses !

7 *La lune que voici est du miel pour tous les êtres, et tous les êtres sont du miel pour cette lune ;*
quant à ce personnage fait de feu et d'ambroisie qui réside dans la lune, personnage qui, du point de vue humain, réside dans la pensée,
il est l'Ame en vérité, il est l'Ambroisie, le brahman, toutes choses !

8 *L'éclair que voici est du miel pour tous les êtres, et tous les êtres sont du miel pour cet éclair;*
quant à ce personnage fait de feu et d'ambroisie qui réside dans l'éclair, personnage qui, du point de vue humain, réside dans la chaleur vitale,
il est l'Ame en vérité, il est l'Ambroisie, le brahman, toutes choses!

9 *Le tonnerre que voici est du miel pour tous les êtres, et tous les êtres sont du miel pour ce tonnerre;*
quant à ce personnage fait de feu et d'ambroisie qui réside dans le tonnerre, personnage qui, du point de vue humain, réside dans le son et dans le bruit,
il est l'Ame en vérité, il est l'Ambroisie, le brahman, toutes choses!

10 *L'espace que voici est du miel pour tous les êtres, et tous les êtres sont du miel pour cet espace;*
quant à ce personnage fait de feu et d'ambroisie qui réside dans l'espace, personnage qui, du point de vue humain, réside dans l'espace à l'intérieur du cœur,
il est l'Ame en vérité, il est l'Ambroisie, le brahman, toutes choses!

11 *L'Ordre des choses est du miel pour tous les êtres, et tous les êtres sont du miel pour cet Ordre;*
quant à ce personnage fait de feu et d'ambroisie qui réside dans l'Ordre des choses, personnage qui, du point de vue humain, réside dans ce qui en nous ressortit à l'Ordre,
il est l'Ame en vérité, il est l'Ambroisie, le brahman, toutes choses!

12 *La vérité est du miel pour tous les êtres, et tous les êtres sont du miel pour cette vérité;*
quant à ce personnage fait de feu et d'ambroisie qui réside dans la vérité, personnage qui, du point de vue humain, réside dans ce qui en nous ressortit à la vérité,
il est l'Ame en vérité, il est l'Ambroisie, le brahman, toutes choses!

13 *L'humain est du miel pour tous les êtres, et tous les êtres sont du miel pour cet humain;*
quant à ce personnage fait de feu et d'ambroisie qui réside dans l'humain, personnage qui, du point de vue humain, réside dans ce qui en nous ressortit à l'humain,
il est l'Ame en vérité, il est l'Ambroisie, le brahman, toutes choses.

14 *L'Ame est du miel pour tous les êtres, et tous les êtres sont du miel pour cette Ame;*
quant à ce personnage fait de feu et d'ambroisie qui réside dans l'Ame, personnage qui, du point de vue humain, réside dans notre Ame,
il est l'Ame en vérité, il est l'Ambroisie, le brahman, toutes choses.

15 *Oui, cette Ame est le Seigneur de tous les êtres, le souverain de tous les êtres.*
De même que les rayons d'une roue de char sont tous fixés à la fois à la jante et au moyeu, de même les êtres, les dieux, les mondes, les souffles, les âmes, sont tous fixés à l'Ame.

Le brahman et l'univers
(Mundaka Upanishad : 1 et 2)

Des dieux, Brahmâ apparut le premier. C'est Lui, le Créateur de tout ce qui existe! le Gardien de l'Univers!

A son fils aîné, Atharva, il exposa la science du brahman, science sur laquelle reposent toutes les autres : [...]

« Ce brahman, invisible, insaisissable, sans famille ni caste, sans yeux ni oreilles;

« ce brahman sans mains ni pieds, cet Éternel qui se diffuse et pénètre toutes choses;

« ce Très-subtil, cet Inaltérable : c'est en Lui que les Sages d'autrefois ont découvert la matrice de tout ce qui existe!

« De même que l'araignée produit puis résorbe son fil;

« *de même que les plantes naissent de la terre ;*

« *de même que cheveux et poils naissent de l'homme durant qu'il est vivant ;*

« *de même l'Univers naît de cet impérissable brahman !* [...]

« *C'est du Purusha* [3] *que naissent le Souffle, la Pensée et toutes les facultés de connaissance et d'action ;*

« *c'est de Lui que naissent l'Espace, le Vent, la Lumière, les Eaux, et la Terre qui porte tous les êtres.*

« *Sa tête est le Feu ; ses yeux, le Soleil et la Lune ; ses oreilles, les Orients ; sa voix, les Saintes Écritures ; son souffle, le Vent.*

« *Son cœur est tout l'Univers ; la Terre est née de ses pieds : car il est l'Ame intérieure de tous les êtres* [...].

« *Oui, le Purusha est Tout cet Univers ; il est acte rituel, ascèse, brahman, vie éternelle !*

« *Qui connaît ce mystère, déposé dans le for intérieur, tranche le nœud de l'ignorance, ici et maintenant !* »

Hymne à l'âtman
(Shatapatha-Brâhmana : 10.6)

1 *Il faut vénérer le brahman en tant qu'il est la Réalité.*
Or l'homme est fait de force spirituelle :
cette force il la retrouve dans l'autre monde telle
qu'il l'avait quand il vivait.

2 *Il faut vénérer l'Ame qui est faite de la pensée, dont*
le corps est souffle, la forme lumière, l'être espace.

3 *L'Ame prend les formes qu'elle veut ; elle est aussi*
rapide que l'esprit, véridique lorsqu'elle conçoit,
véridique lorsqu'elle éprouve,
douée de toutes les odeurs, de toutes les saveurs ;
elle emplit tous les orients, elle pénètre toutes cho-
ses, et cependant reste muette, indifférente.

4 *Tel un grain de riz, ou d'orge, ou de millet, oui,*
aussi menu qu'un fragment de millet est ce person-
nage fait d'or qui habite dans le for intérieur.

5 *Il resplendit comme un feu sans fumée ; il est plus*

grand que le Ciel, plus grand que l'espace, plus grand que la Terre, plus grand que tous les êtres.

6 *Il est l'Ame du souffle vital, il est mon Ame ; à ma mort c'est cette Ame que je rejoindrai.*

7 *Pour qui sait ainsi, il n'y a plus de doute ! Ainsi parla Shândiliya, et ainsi en est-il.*

DEUXIÈME PARTIE

Ishâ Upanishad

Introduction

I

Cette Upanishad est, sans doute, la plus connue de toutes. Et cela pour deux raisons : d'une part, elle est la première de la liste traditionnelle des Upanishads (on dit : *îshâdy-upanishadah,* « les Upanishads, à commencer par l'Ishâ »...) ; d'autre part, elle est une des plus chères au cœur des hindous. Nombreux d'ailleurs sont ceux qui la récitent chaque jour, au matin, avec l'hymne védique au *purusha* (Rig-Véda 10.90). Certains, en Occident, s'en sont étonnés, trouvant que le contenu en était « un peu flou[1] » ou « franchement énigmatique ». En réalité, ces reproches ne sont pas fondés car ils concernent la forme plutôt que le fond : les Upanishads ne sont pas des traités philosophiques où la dialectique et le raisonnement logique seraient prépondérants, mais des « célébrations », des poèmes (en vers ou en prose) où sont exaltés tels ou tels aspects d'une doctrine supposée connue et acceptée sans discussion par les auditeurs. Cela est d'autant plus vrai de l'Ishâ Upanishad qu'elle est un hymne intégré à la Samhitâ (collection de poèmes) du Yajur Véda Blanc.

Un hymne, c'est-à-dire aussi une prière, comme le

prouvent le souhait formulé dès la première strophe
(« Puisse le Seigneur revêtir toutes choses », etc.) et les
invocations conclusives à plusieurs divinités du panthéon védique, telles que Pûshan, Vâyu, Yama,
Agni, etc. Là encore, il faut admettre que toute une
théologie se manifeste à l'arrière plan. Mais on doit
garder à l'esprit que la métaphysique (la théorie de
l'*âtman-brahman*), la théologie (la place respective des
différents dieux dans l'univers) et l'éthique (comment
vivre en ce monde; *cf.* les strophes 2 et 3 : « Ne
convoite le bien de personne », etc.) sont, avant toutes
choses, des réalités vécues pour les auteurs de l'Upanishad. En fin de compte, c'est donc le terme de Sagesse qui
convient le mieux ici : tout à la fois règles de vie et
explication du monde, celle-ci déterminant celle-
là. Or, une Sagesse ne se communique pas comme on
ferait d'une philosophie profane : la forme poétique
convient mieux à la première, l'argumentation dialectique à la seconde. Mais souvenons-nous que, dans
l'Inde traditionnelle, un texte comme celui de l'Ishâ
Upanishad est récité par cœur, chanté selon le mode
liturgique approprié, puis longuement commenté par
les maîtres spirituels. Ainsi les ambiguïtés apparentes
sont-elles levées.

II

Le premier groupe de strophes (str. 1 à 3) concerne
ce que la Bhagavad Gîtâ [2] appelle le karma-yoga,
c'est-à-dire la discipline *(yoga)* de l'action *(karman)*. Il
s'agit d'une conception éthique de la vie selon laquelle
l'individu, dans la mesure où il ne peut se dispenser

d'agir, doit le faire de façon «désintéressée». Selon l'hindouisme, en effet, tout acte entraîne une modification subtile de la personnalité du sujet agissant, en raison notamment du fait que la motivation première en est le désir (nous souhaitons que notre acte réussisse; nous désirons recueillir les bénéfices de nos actes, etc.). Or c'est de la forme que présente à notre mort notre personnalité que dépend notre sort dans l'au-delà (c'est-à-dire, pour l'hindouisme, la nature de notre réincarnation). L'idéal étant d'obtenir la délivrance *(moksha)* des liens de la transmigration, et cette dernière dépendant en dernière analyse de l'acte *(karman),* il convient soit de renoncer à agir (ce qui est à peu près impossible), soit de continuer à le faire mais sans désir, c'est-à-dire en transformant la vie quotidienne en un «yoga de l'action désintéressée». Et la Bhagavad Gîtâ, consciente de l'extraordinaire difficulté d'un tel programme, ajoute que la réalisation n'en est possible que grâce à l'intervention de la divinité, à laquelle il convient donc de dédier chacun des actes que l'on accomplit, dans un esprit de dévotion ardente *(bhakti).*

C'est à cette combinaison de karma-yoga et de bhakti-yoga que font allusion les trois premières strophes de l'Ishâ Upanishad. Dans le style qui est le sien, le texte commence par exprimer le souhait que le Seigneur *(îsh,* équivalent archaïque d'*îshvara :* «dieu», ou de Bhagavant: «le Seigneur») daigne entrer dans le monde [3] pour l'assumer («l'endosser», comme un vêtement). C'est là l'un des trois thèmes majeurs du brahmanisme: le monde *(loka)* — ou, comme dit l'Upanishad, *jagat* («ce qui est en mouvement») —

doit être sacralisé par l'entrée en lui du divin (le *brahman,* ou *îshvara*). Dieu vient établir sa demeure au centre de la nature et, selon le principe d'analogie macrocosme/microcosme, au cœur de chacun des êtres qui la peuple. Maître de l'univers, le Seigneur « abandonne » (vers 6) quelque chose de sa fortune cosmique à chaque individu. Il y a là une « répartition » (autre sens du mot *bhakti*) parfaitement équitable qui dote les hommes de ce dont ils ont besoin pour vivre et progresser, selon leur statut. La concupiscence est donc une faute (vers 7 et 8) que les auteurs de l'Upanishad recommandent d'éviter.

Il va sans dire qu'une existence régulière, dans une civilisation comme celle de l'Inde traditionnelle, suppose un cadre liturgique dans lequel s'inscrivent un grand nombre d'actes rituels (autre sens du mot *karman*). Or, le service religieux a sa justification dans le désir légitime du sacrifiant de recevoir de son dieu des grâces correspondantes (par exemple, comme le dit l'Upanishad, aux vers 11 et 12, « vivre cent années »). On retrouve là le danger signalé plus haut : se complaire dans les actes, fussent-ils rituels, c'est se condamner à renaître. On vivra une vie harmonieuse, comblée de grâces, pleine (les « cent années »), mais on renaîtra. Pourtant, dit l'Upanishad, celui qui sait peut échapper à ce processus : les actes n'affectent pas la nature profonde de celui qui en a compris le mécanisme et qui prend refuge en Dieu. Autrement dit, pour celui qui sait combiner le karma-yoga (accomplissement des rites, avec leurs bénéfices immédiats) et le bhakti-yoga (abandon au Seigneur), la délivrance est assurée. Bien loin d'avoir « tué son âme » (c'est-à-dire : d'avoir ruiné son être véritable), le héros[4] a réussi à se construire une personnalité telle qu'il est à l'abri à la fois de la nécessité de renaître (grâce à la connaissance : *jnâna*) et du danger de tomber en enfer (les « mondes sans soleil » des vers 17 et 18). On aura remarqué cependant que le texte de l'Upanishad reste énigmatique au moins dans ces trois premières strophes : affirmer que « l'acte ne colle pas à l'homme » (*na karma lipatyé naré*, vers 15 et 16 de la traduction) est hautement insolite en contexte hindou : mais c'est que la théologie du karma-yoga est supposée connue du lecteur. D'ailleurs, la suite de l'Upanishad fait explicitement référence à « celui qui sait » (qui « perçoit », qui « discerne », etc.). Dans le Védânta, on le sait, la connaissance *(jnâna)* est salvatrice.

Suit (str. 4 et 5) une brève célébration du principe de toutes choses, simplement désigné par le pronom neutre *tad*, « Cela ». Il s'agit évidemment du *brahman* « sans qualités » *(nir-guna)* dont on ne peut parler que de façon paradoxale, faute de pouvoir le définir. D'où les habituelles propositions contradictoires opposant le « près » au « loin », « l'intérieur » à « l'extérieur », etc. Il s'y ajoute deux références mythologiques. La première concerne le récit de la Kéna Upanishad (ci-dessus, page 31) où l'on voit les dieux tenter en vain d'atteindre le Mystère du *brahman*. Avec sans doute une variante puisqu'il est dit ici que le *brahman* « court » devant eux alors que, dans la Kéna Upanishad, il n'est pas question de compétition à la course. Mais l'essentiel est d'affirmer que le *brahman* est « plus véloce que la pensée » tout en restant immobile (autre paradoxe). Quant à la seconde référence mythologique, elle est pour nous énigmatique car nous n'avons pas, dans le

Véda tel qu'il nous est parvenu, de récit mythique concernant Vâyu (appelé ici Mâtarishvan) en tant que « dépositaire » de l'acte (ici nommé *apas* et non *karman* comme à l'ordinaire). On peut y voir une allusion probable à l'*âtman* comme « souffle cosmique ». Le dieu Vâyu, en effet, représente le Vent, l'air en mouvement, et donc le souffle. L'avant-dernière strophe de l'Upanishad le salue d'ailleurs comme tel et rappelle que le bien qu'il a reçu en partage, au commencement (et qu'il distribue en grâces à ses fidèles), c'est l'ambroisie *(amrita)*, le breuvage d'immortalité.

C'est d'ailleurs à l'*âtman* que sont consacrées les strophes suivantes (6 à 8). Essentiellement analogue au *brahman*, l'âme appartient elle aussi au supra-sensible : elle est incorporelle, invulnérable et incorruptible. Et, pourtant, elle règne sur la nature entière (le texte dit qu'elle « circonscrit toutes choses ») et s'identifie donc au Dieu suprême *(svayambhû)*, au Souverain universel *(paribhû :* à nouveau l'idée « d'entourer, d'envelopper » tout ce qui existe), au sage Répartiteur *(vidhâtar)* grâce à qui chaque élément joue sa partie et contribue à l'harmonie universelle. Ainsi peut-on dire, avec l'Upanishad, que « tous les êtres sont dans l'Ame » *(yasmin sarvâni bhûtâna... âtmâ),* en laquelle ils trouvent un refuge contre les atteintes du Mal. Inversement, mais sans qu'il y ait contradiction, du point de vue hindou, « celui qui sait » percevra l'âme à l'intérieur de chaque être *(sarvâni bhûtâny âtmani... anupashyati)*. De plus, selon la théorie habituelle, cette vision unitaire protège de l'égarement *(moha),* de la souffrance *(shoka),* et conduit à la délivrance, si du moins l'on prend soin de ne jamais se détacher de cette intuition fondamentale.

Suivent alors six strophes (9 à 14) où la sagesse de

l'advaïta-védânta est affirmée avec force. Il s'agit en effet de poser, comme une évidence, que le *brahman* («Cela») est à la fois différent de tout ce qu'on peut en dire et qu'il réunit, en lui, toutes les propositions que l'on peut avancer à son égard. Utilisant à nouveau la logique paradoxale qu'elle affectionne, l'Ishâ Upanishad énonce donc successivement, d'une part que le *brahman* est «différent du Savoir et du Non-Savoir» *(anyad eva vidyayâh, anyad avidyayâh),* et d'autre part que ce même *brahman* est «les deux à la fois» *(ubhayam saha)* aux yeux de «celui qui sait» *(yas tad véda);* étant entendu, comme il va de soi dans un tel contexte, qu'une telle connaissance «sauve de la mort et conduit à l'immortalité» *(mrityum tîrtvâ... amritam ashnuté).* Poussant plus loin encore le paradoxe, l'Upanishad ajoute que l'on se perd «à faire confiance au Savoir» ou «au Non-Savoir», mais aussi que, par chacun d'eux, on obtient le Salut! C'est que finalement seul le *brahman* compte, car seul il permet de surmonter de telles oppositions. De plus, les mêmes formules stéréotypées sont reprises dans les strophes suivantes à propos du Devenir *(sambhava,* ou *sambhûti)* et du Non-Devenir *(asambhava,* ou *vinâsha);* eux aussi à la fois différents du *brahman* et pourtant identiques à lui, eux aussi à la fois instruments de perte et de salut, etc.

Ces deux couples de contraires ressortissent l'un et l'autre à la problématique du Védânta. Pour celui-ci, dont l'Ishâ Upanishad est l'un des textes de référence parmi les plus prisés, Réalité et Savoir se confondent. En effet, selon l'adage «on devient ce que l'on connaît», savoir ce qu'est le monde, c'est s'intégrer à lui. D'où la haute estime où l'on tient la *vidyâ* (la Science, le Savoir), d'autant que ce même mot désigne plus particulièrement la connaissance religieuse, rituelle. Mais se complaire dans un tel Savoir, s'arrêter à lui, c'est aussi se couper de la métaphysique, laquelle est, par définition, au-dessus et au-delà de toute science « mondaine », fût-elle religieuse. Le *brahman* est donc distinct de *vidyâ* (mais l'englobe, comme il englobe toutes choses). On en dirait autant de l'ignorance (le Non-Savoir, *avidyâ*) car, par rapport à l'Absolu (le *brahman*), quelle importance y a-t-il à savoir ou à ne pas savoir ? En un sens même, on peut comprendre que certains, conscients de la vanité de toutes choses, préfèrent le Non-Savoir au Savoir : il y a dans la mystique de l'Inde, comme dans celle de l'Occident, une « sainte ignorance », une « nuit de la connaissance », par laquelle on peut éventuellement faire son salut (gagner l'immortalité, le paradis) [5] mais non atteindre la Délivrance, puisque celle-ci ne s'obtient que par une intuition de l'*âtman-brahman* à l'intime de notre être. De ce point de vue, il est légitime à la fois d'exalter et de déprécier le couple Savoir/Non-Savoir, puisque ces deux attitudes correspondent, chacune pour sa part, à un certain degré d'approche du Mystère.

Quant au Devenir et au Non-Devenir, ils correspondent aux deux comportements possibles de l'homme-dans-le-monde : soit l'action qui permet à l'homme de développer sa personnalité, donc de « devenir lui-même », soit l'inaction qui vise à protéger l'individu des effets du *karman,* au risque de figer sa personnalité en la maintenant dans son état actuel, nécessairement imparfait. Du point de vue du Védânta, l'action est à la fois bénéfique et pernicieuse comme l'est également l'inaction : agir ou ne pas agir conduisent également à la perdition, si l'on commet l'erreur de les confondre avec l'Absolu («Cela», le *brahman*). En revanche, si l'on ordonne l'un ou l'autre à la recherche du Mystère (c'est-à-dire si l'on reconnaît que le *brahman* «englobe», «enveloppe», «contient» les deux à la fois), on vainc la mort, on gagne l'immortalité et, surtout, on approche de la Délivrance. Ainsi, en accord avec les toutes premières strophes, l'Ishâ Upanishad préconise une certaine forme de karma-yoga ici mêlée de jnâna-yoga (Yoga de la connaissance), puisque l'essentiel est de trouver l'Absolu, par-delà le Savoir et le Non-Savoir, le Devenir et le Non-Devenir.

La *bhakti* reste cependant proche des préoccupations des auteurs de ce texte qui professe que, s'il est vrai que la délivrance *(moksha)* s'obtient par la connaissance *(jnâna)* du *brahman,* il est non moins vrai que cette connaissance passe par une rencontre avec le Seigneur qui, cela était dit dès la première strophe, «revêt l'univers», l'endosse comme un vêtement, c'est-à-dire s'y loge, pour l'assumer. Il est donc naturel que l'Ishâ Upanishad s'achève (str. 15 à 18) par des prières. A Pûshan, dieu des chemins et des carrefours, on demande de «dévoiler» la Vérité, de «retirer le masque» qui la dissimule afin que l'on puisse reconnaître celui qui en est le Régent.

Du Soleil on attend qu'il rayonne la Lumière intelligible et la fasse pénétrer au tréfonds de chaque être, pour que l'intuition de la Vérité devienne possible. Une autre strophe reprend l'image classique de l'analogie entre le personnage que l'on perçoit dans l'œil et celui qui a sa demeure dans le Soleil : de la reconnaissance de cette analogie micro-macrocosmique dépend le droit de prononcer «en esprit et en vérité, le *mantra* védântique *so 'ham asmi* «je suis Lui ! » [6].

Suivent encore deux prières, qui sont l'une et l'autre une méditation sur la mort. Face au corps, nécessairement voué à se muer en cadavre, il est bon de se tourner vers Vâyu, le dieu du Vent, qui a la charge d' «animer» tous les êtres par la vertu de son souffle. Gage de vie, source d'immortalité, le Souffle cosmique est aussi Intelligence : il est donc «juste et salutaire» qu'on le prie de se souvenir de nos mérites, car l'homme ne vaut que par ses actes! Et puisque le cadavre est destiné à être incinéré, la prière conclusive s'adresse nécessairement au dieu du Feu, Agni. Puisse-t-il, lui qui connaît les chemins de l'au-delà, conduire notre âme, par la bonne route, jusqu'au pays heureux où la richesse spirituelle *(râyi)* est répandue à profusion!

III

L'analyse du texte de l'Upanishad met en évidence la cohérence de pensée de celle-ci et l'on comprend, à la lire, pourquoi elle est considérée comme l'un des textes sacrés de la tradition brahmanique. La célébration de l'*âtman-brahman* y est au premier plan, ce qui lui donne une coloration védântique certaine et explique la prédilection qu'ont pour elle les docteurs de cette école (Shankara, Râmanuja, etc.) et ceci jusqu'à l'époque contemporaine : Aurobindo, par exemple, l'a commentée. Mais l'affirmation de la non-dualité *(advaïta)* y est tempérée par les références au Seigneur (*îsh, cf.* str. 1) et à ses compagnons (ou ses manifestations) : Vâyu, Agni, Pûshan, etc. L'hindouisme vécu, même dans les cercles védântiques les plus stricts, ne se conçoit pas sans une certaine forme de dévotion *(bhakti)* structurée par des rites que tout le monde accepte, et pratique avec ferveur. Méditer sur la mort est une chose, le cérémonial funéraire en est une autre : l'Inde n'imagine pas qu'il soit possible de dissocier les deux et, s'il fallait supprimer l'une ou l'autre, ce ne sont sûrement pas les rites qui seraient sacrifiés ! De là ces prières à Vâyu et Agni sur lesquelles s'achève l'Upanishad.

Enfin l'hindouisme, qui est plus une orthopraxie qu'une orthodoxie, n'a jamais cessé de s'interroger sur le « comment vivre ? ». Or l'une des lignes de force du poème est la réflexion sur les actes *(karman) :* ils déterminent le sort de l'âme après la mort (renaissances, séjour au paradis) et donc l'enchaînement, sans toutefois que l'on puisse dire que l'âme *(âtman)* soit affectée par les actes : étant identique au *brahman,* elle ne saurait pâtir de quoi que ce soit (str. 6 à 8) ; en quoi en effet l'Absolu pourrait-il dépendre du Relatif ? D'autres textes établissent une distinction entre le *jîvâtman* (l'âme « vivante », « incarnée ») et le *paramâtman* (l'âme « suprême », « essentielle »), mais ce n'est pas l'affaire de l'Upanishad. Il lui suffit de dire que « l'acte ne colle pas à l'homme » (c'est-à-dire « n'affecte pas l'essence de l'être », str. 3). Au commentateur est laissé le soin d'expliquer la théorie de l'action désintéressée (karma-yoga) et de disserter sur les rapports entre celle-ci et la Providence (bhakti-yoga) ; le déroulement majestueux (et lyrique) des strophes de l'Ishâ suffit à exprimer l'essentiel de ces théories. Soyons assurés que les auditeurs de ce texte en avaient (en ont encore) une connaissance intuitive...

Ishâ Upanishad

1-3

Puisse le Seigneur revêtir[7]
toutes choses ici-bas,
tout ce qui se meut
dans l'univers en mouvement!

Et toi, contente-toi
de ce qu'Il t'abandonne!
Ne jalouse le bien
de qui que ce soit d'autre!

Et certes si, en ce bas monde,
tu fais les actes rituels,
désirant à bon droit
vivre les cent ans de ta vie,

Cela en fait ne change rien
à ton état profond
car les actes n'affectent pas
l'essence de ton être[8].

Il est des mondes sans soleil
tout couverts d'aveugle ténèbre :
après mourir s'y rendent
tous ceux qui ont tué leur âme [9].

4-5

Unique et sans bouger, Cela
va plus vite que la pensée :
les dieux ne L'atteignirent point [10]
quand Il courait devant eux !

Oui, Cela, qui ne se meut pas,
dépasse les autres qui courent ;
c'est en Lui que Mâtarishvan [11]
a déposé l'Action.

Cela s'active, et ne s'active pas ;
Cela est loin, Cela est près ;
Cela est intérieur à tout,
Cela est extérieur à tout.

6-8

Et celui qui discerne
que tous les êtres sont dans l'Ame
et que l'Ame est dans tous les êtres [12],
celui-là ne s'en détache plus.

Oui, s'il perçoit qu'en lui
l'Ame est devenue tous les êtres,
comment pourrait-il s'angoisser ?
Et comment pourrait-il souffrir
s'il discerne en lui l'Unité ?

L'Ame circonscrit toutes choses ;
elle est lumineuse et sans corps ;
on ne peut la blesser
puisqu'elle n'est ni chair ni os ;
on ne peut non plus la souiller
puisque le mal ne l'atteint pas [13].

C'est Elle le Voyant, le Sage
le Seigneur, le dieu souverain [14]
qui dispose les éléments
comme il convient à chacun d'eux
pour la suite des temps.

9-11

Qui fait confiance au Non-Savoir
entre dans la ténèbre aveugle,
et dans ténèbre plus épaisse
celui-là qui fait confiance au savoir.

C'est que Cela est différent
du Non-Savoir et du Savoir
ainsi que l'ont dit les prophètes
dont nous suivons l'enseignement.

77

Le Non-Savoir et le Savoir :
Cela est les deux à la fois ;
qui le sait passera la mort
grâce au Savoir, et par le Non-Savoir
gagnera l'immortalité !

12-14

Qui fait confiance au Non-Devenir
entre dans la ténèbre aveugle ;
et dans ténèbre plus épaisse
celui qui fait confiance au Devenir.

C'est que Cela est différent
du Non-Devenir et du Devenir,
ainsi que l'ont dit les prophètes
dont nous suivons l'enseignement.

Le Non-Devenir et le Devenir :
Cela est les deux à la fois ;
qui le sait passera la mort
grâce au Devenir
et par le Non-Devenir
gagnera l'immortalité.

15-18

D'un masque d'or est recouverte
la face de la Vérité
Enlève-le pour nous, Pûshan [15],
pour que nous puissions voir Celui
qui règne sur la Vérité !

78

Toi, l'unique Voyant
Pûshan, Yama, Soleil,
fils de Prajâpati,
rayonne ici pour nous!
mets en nous ta lumière!

Cette image de Toi, si belle,
je la vois là-haut, tout là-haut!
Oui, quel qu'il soit ce personnage,
que j'aperçois là-haut, tout là-haut,
je suis Lui! je suis Lui!

Vâyu c'est l'Ambroisie! le Souffle!
et voici ce corps misérable
qui demain ne sera que cendres!
Intelligence, souviens-toi!
Souviens-toi de ce qui fut fait!

Toi qui sais les cheminements,
conduis-nous par le bon chemin,
Agni, à la richesse!
Garde-nous de l'égarement!
A toi, nos plus beaux chants d'hommage!

Telle est l'Upanishad.

Parama-Hamsa Upanishad

Introduction

I

Cette Ûpanishad appartient au groupe dit des *sam-nyâsa* Upanishads, c'est-à-dire de celles qui vantent les mérites de l'état de renonçant. Le mot lui-même évoque « le fait de déposer » *(ny-âsa)* « complètement » *(sam)*. C'est, en somme, l'idée de « mettre sac à terre », d'« arrêter » toute activité. Et, de fait, le renonçant *(samnyâsin)* est d'abord « celui qui a cessé de travailler », en contraste avec le maître de maison *(grihastha)* qui œuvre selon les règles de la caste à laquelle il appartient. Une telle décision, violant toutes les règles du *dharma* (norme sociale et religieuse), ne peut être prise à la légère ; elle n'est acceptée par la communauté que dans des circonstances exceptionnelles et dans le cadre d'un cérémonial imposant. Faute de quoi le soi-disant renonçant serait un hors-la-loi *(adhârmika)*, re-jeté par tous et souvent cruellement persécuté.

Tout au contraire, le vrai *samnyâsin* est un religieux qui a prononcé des vœux particuliers. Devenu une sorte de moine (mais le plus souvent solitaire et errant), il est entretenu par la communauté, vénéré à l'égal d'un brahmane (et ceci quelle qu'ait été sa caste d'origine) et salué du nom de *sâdhu,* « saint ». Éventuellement, il peut dispenser un enseignement dans le domaine de la théologie mystique et grouper quelques disciples autour de lui ; il devient alors un maître spirituel : *guru, svâmin* ou *âchârya.* La plupart cependant restent des mendiants *(bhikshu)* prêchant occasionnellement dans les temples où ils dirigent lors de leurs passages des assemblées de prières et de chants dites *samkîrtânas* [1] (en hindi : *kîrtâns*).

Une telle valorisation du renoncement ne doit pas surprendre, car elle est au cœur de l'idéologie [2] hindoue. Si l'on y réfléchit, on s'aperçoit en effet que la première démarche du sacrifice védique consiste en un abandon *(tyâga)* d'une partie de son patrimoine par le sacrifiant *(yajamâna),* c'est-à-dire par celui au profit de qui la cérémonie va se dérouler. Et les textes védiques célèbrent cet « abandon » comme la vertu majeure, celle qui ouvre à coup sûr la porte du Ciel. Cette démarche n'est-elle pas le signe concret de la confiance *(shraddhâ)* du fidèle, c'est-à-dire de sa foi en l'efficacité des rites védiques ? Certains héros, nous dit-on, ont manifesté une véritable « folie du sacrifice » en offrant d'un coup tout ce qu'ils possédaient : terres, troupeaux, épouses, enfants !

De façon similaire, l'éthique brahmanique place, au sommet de son échelle des valeurs, l'action désintéressée, c'est-à-dire celle qui est accomplie par devoir, indépendamment de ses fruits immédiats. C'est cette morale que Krishna enseigne à Arjuna dans la Bhagavad Gîtâ ; au guerrier qui laisse tomber son arc par lassitude et compassion pour ses adversaires, le dieu incarné explique d'abord que le devoir de caste prime tout : « Puisque tu es né guerrier, tu dois combattre, indépendamment de tes états d'âme et des circonstances. » Il s'agit là du premier niveau de la morale, qui concerne tout un chacun, et pour lequel on doit attendre légitimement une récompense dans l'au-delà : « Les portes du Ciel, dit Krishna [3], s'ouvrent devant les héros tombés au combat. »

Il existe cependant, au-dessus de ce niveau, une morale aristocratique, valable pour la petite élite de ceux qui ont une âme suffisamment trempée. C'est celle du *nishkâma-karma*, c'est-à-dire exactement de « l'action sans désir ». Ici, il ne s'agit plus de désirer accomplir son devoir afin de faire son salut, mais simplement d'accepter le destin *(daïva)*. C'est là une autre forme, héroïque, de renoncement. La Bhagavad Gîtâ la qualifie de yoga pour en souligner le caractère ascétique. Dans l'esprit du texte, profondément marqué par la dévotion *(bhakti)*, ce karma-yoga, c'est-à-dire cette « ascèse de l'action », doit se combiner avec un bhakti-yoga, c'est-à-dire avec un « abandon » au Seigneur. Et, bien entendu, Krishna insiste sur le caractère ardu, difficile, dangereux de cette forme de renoncement : car qui peut être certain que le désir est vraiment éteint dans son cœur ? L'orgueil, la complaisance peuvent se combiner, à l'insu de l'individu, avec l'attente peut-être inconsciente d'une récompense eschatologique.

II

C'est pourquoi la forme de renoncement qui est le plus habituellement proposée par les textes postérieurs à la Bhagavad Gîtâ est le *samnyâsa*, qui implique par définition l'abandon de toute activité, quelle qu'elle soit. Au moment de s'y engager, l'individu doit prononcer solennellement, et de préférence devant le conseil de caste local, les vœux de pauvreté, de chasteté et d'errance qui le coupent des siens. Juridiquement, le *samnyâsin* est considéré comme décédé : sa femme devenant veuve peut théoriquement se remarier[4], les ayants droit se partagent l'héritage, etc. N'ayant plus le droit de porter le nom familial, le mort-vivant prend un nom religieux[5] (le plus souvent choisi pour lui par son maître spirituel) et quitte son village. Il peut éventuellement s'installer ailleurs, mais on attend d'un *samnyâsin* qu'il vagabonde sur les routes de l'Inde : il peut aller partout où il veut, sauf dans son canton d'origine. Cette marche perpétuelle le conduit à fréquenter toutes sortes de gens et à accepter en aumône de la nourriture de n'importe qui. Il est donc rituellement impur et les textes normatifs (*Dharma-Shâstras*) recommandent d'éviter de l'approcher et lui enjoignent de se tenir à l'écart des quartiers où habitent les gens de bonne caste.

Bien entendu, il existe toute une gamme d'attitudes, selon que le renonçant conduit une ascèse strictement personnelle (par exemple dans la perspective du yoga classique), ou qu'il se voue au service de sa divinité d'élection (*ishta-dévatâ*) dans l'esprit de la *bhakti*. Il faut ajouter encore cette sorte de retraité qu'est le chef de famille ayant accompli sa carrière : selon la coutume, celui qui a vu naître le fils de son fils doit abandonner toute prétention à diriger les affaires familiales. On lui conseille de se retirer « dans la forêt » (état de *vanasprastha*), puis, après une période d'adaptation, de tout quitter pour devenir *samnyâsin*. Un tel schéma est, certes, très théorique car le grand âge n'est pas à coup sûr le meilleur pour affronter les fatigues et les périls d'une vie d'errance et de pauvreté ! A moins qu'il ne s'agisse de se débarrasser des bouches inutiles...

Ces diverses catégories de renonçants sont volontiers désignées par des noms particuliers. En voici quelques-uns, parmi les plus fréquents, étant entendu qu'il en existe beaucoup d'autres :

Bhikshu, « mendiant » : terme générique, car le renonçant ne possédant rien et ne devant accomplir aucune besogne doit nécessairement mendier sa nourriture.

Dandin, « qui a un bâton » : par référence au fait que les renonçants ne doivent rien posséder d'autre qu'un bâton, un bol à aumônes et des sandales. Dans la réalité, nombreux sont les renonçants qui y ajoutent des colliers, des rosaires, des instruments de musique, etc.

Késhin, « chevelu » : allusion au fait que le renonçant ne doit pas couper ses cheveux ni raser aucun poil de son corps. Là encore, il y a des nuances : certains *samnyâsins,* par exemple, se rasent le crâne.

Digambhara, « vêtu d'espace » : catégorie (peu courante) de renonçants extrêmes qui ne possèdent même plus de vêtements et vont nus.

Muni, « ermite » : en fait, renonçant ayant fait vœu de silence.

Parivrâjaka, « périgrinateur, vagant » : renonçant qui met effectivement en pratique le vœu d'errance perpétuelle.

Sâdhu, « saint » : terme générique applicable à tous les types de renonçants.

Tapasvin, « ascète », et plus particulièrement celui qui recherche la maîtrise de soi en s'exerçant à des austérités, lesquelles éveillent en lui une chaleur *(tapas)* particulière, signe de ses progrès spirituels.

Yati, «ascète»: mot d'origine védique utilisé pour désigner les renonçants extrêmes (avec parfois des implications néfastes: les *yatis* sont accusés de sorcellerie).

Reste, enfin, le terme de *parama-hamsa* qui donne son titre à cette Upanishad. Il est formé de l'adjectif *parama*: «suprême, le plus haut», et du substantif *hamsa* qui désigne l' «oie sauvage», l'oiseau migrateur dont le vol symbolise en Inde la quête de l'Absolu, la trajectoire de l'âme qui, de naissance en naissance, s'approche du but. Le mot est d'ailleurs souvent employé au sens d'«âme», et plus particulièrement d'âme sur le point d'être sauvée. Le renonçant peut donc être comparé à un oiseau migrateur puisqu'il a fait vœu d'errance et que l'on doit supposer qu'il est sur le point de faire son salut. Techniquement, cependant, *parama-hamsa* désigne une sorte particulière de renonçants qui se distinguent par la rigueur extrême de leurs vœux et leurs liens avec le yoga (parfois aussi avec le tantrisme). Le mot est ancien et il a eu tendance, à certaines époques, à désigner une secte ou, à tout le moins, un ordre monastique. Néanmoins, dans la majorité des cas, un *parama-hamsa* est simplement un ascète rigoureux, un renonçant strict, ou un *yogin* «qui a réussi».

III

L'Upanishad débute, comme si souvent dans ce type de textes, par un dialogue (str. 1 à 4) mettant en scène Nârada, le Prophète-instructeur. On notera cependant qu'ici son interlocuteur n'est pas, comme à l'ordinaire, son père Brahmâ mais Vishnu. Cela suffit à donner une nuance dévotionnelle *(bhâkta)* à l'Upanishad, ou du moins à indiquer que les ascètes doivent suivre une sorte de bhakti-yoga. Ceci est d'autant plus vraisemblable que lesdits ascètes sont qualifiés de yogins dès la deuxième strophe. A la sixième enfin, Vishnu, employant un vocabulaire proche de celui de la Bhagavad Gîtâ, indique que la méditation des ascètes en question doit s'exercer sur Lui-même : alors le Seigneur viendra s'installer en leur cœur (façon de dire que leur âme sera modifiée jusqu'à assumer la forme propre de Vishnu). Bien entendu, un tel chemin est particulièrement difficile (str. 4), mais on y gagne une pureté définitive (str. 5).

Les strophes 7 à 9 rappellent ensuite ce que sont les règles usuelles de l'état de *samnyâsin* : mort sociale (str. 7), mort religieuse (str. 8), vœu de pauvreté (str. 9). Pourtant, il existe un état supérieur : celui de *parama-hamsa* (str. 13) où l'on n'a plus besoin de signes extérieurs (str. 10) car le véritable renoncement est intérieur (str. 11 et 12). Cette exaltation de l'état de *parama-hamsa* est encore amplifiée dans les strophes suivantes (14 à 19) où l'on vante l'équanimité parfaite et la paix intérieure du yogin qui a dès lors le droit d'affirmer qu'il a atteint le but suprême (str. 18 et 19). L'Upanishad ne s'arrête cependant pas là : elle critique les autres ascètes et leur promet même un séjour en enfer (str. 21 et 22) ! Certaines de ces critiques sont d'ailleurs surprenantes, comme celle de « manger de tout » *(sarva-ashî*, str. 21) ou celle de « posséder un bâton de bois » *(kâshtha-dandah*, str. 21), puisqu'il s'agit de règles normales chez les *samnyâsins*.

La dernière partie de l'Upanishad (str. 21 à 32) reprend de façon quelque peu redondante l'éloge du *parama-hamsa*. A nouveau il est question de son équanimité (str. 24 et 25), de son indifférence à l'égard des biens de ce monde (str. 26 à 29), de son «isolement» *(kaïvalya)* parfait (str. 30 et 31) et donc de son salut définitif, c'est-à-dire ici de la réalisation de son identité essentielle (str. 32). On notera, à ce propos, qu'il n'est plus fait mention ici de Vishnu, mais du *brahman*. On doit cependant, compte tenu de ce qui avait été enseigné au début du texte, admettre que le *brahman* est un autre nom de la Personne suprême *(purushottama)*, à savoir Vishnu lui-même.

Parama-Hamsa Upanishad

I

1 *Un jour Nârada, le Prophète,*
   s'approcha avec révérence
   de Vishnu, le Seigneur,
   pour lui faire cette question :

2 *« Dis-moi, Seigneur, quelle est la voie*
   suivie par les yogins
   dits "Parama-hamsas"
   et quelle est leur doctrine ? »

3 *A quoi le Seigneur répondit :*

4 *« Nul chemin, en ce monde,*
   n'est plus difficile à trouver
   que celui de ces yogins-là,
   et bien peu le fréquentent !

5 *« Pourtant celui qui s'y engage*
   est à jamais purifié ;
   et ceux qui savent voient en lui
   un véritable homme védique [6],
   un homme de grandeur !

6 « Car la pensée d'un tel yogin
   étant toujours fixée sur Moi,
   je m'installe en retour
   au plus intime de son être !

II

7 « Le renonçant, tu le sais bien,
   doit quitter sa famille,
   épouse, enfants, tous ses amis ;
   dépouiller les signes de caste :

8 « la mèche, le cordon sacrificiel[7] ;
   ne plus réciter le Véda,
   et même cesser d'accomplir
   les actes rituels !...

9 « En signe d'abandon du monde,
   il ne doit plus avoir qu'un pagne,
   un bâton, une couverture,
   et se vouer au service d'autrui.

10 « Ceci pourtant n'est pas le mieux
    car le vrai renonçant
    n'a pas plus besoin de bâton
    que de mèche ou de cordon rituel.

11 « On ne l'entend se plaindre
    ni du froid ni du chaud
    peu lui importe qu'on le blâme
    ou que l'on vante ses mérites

12 « car il est libre des six vagues
de l'Océan du Samsâra :
la faim, la soif et la douleur,
l'aveuglement, la vieillesse et la mort!

13 « En devenant un Parama-hamsa,
il a cessé à tout jamais
de critiquer autrui,
ou de s'enorgueillir de soi.

14 « Il a quitté l'envie, la tromperie,
l'arrogance et l'avidité,
le bonheur, le malheur,
l'amour, la haine et la colère;

15 « l'impatience et l'égarement,
la joie, la peine et l'égoïsme,
jusqu'à ce que son propre corps
lui paraisse être une charogne [8]!

16 « En effet, celui qui perçoit
que le corps est la seule cause
par laquelle on déchoit, on doute,
on verse dans l'erreur,

17 « s'en détache à jamais, s'éveille
et s'établit fermement en lui-même!
Apaisé, immobile, il dit :
"Je suis Unité, Joie, Conscience!

18 "En vérité, réside là
le rôle qui m'est dévolu!
là est mon Absolu,
là ma mèche, et là mon cordon!

19 *"Je connais ce qu'est l'Unité ;*
mon Ame n'est plus séparée,
mais unie à l'Ame cosmique :
voilà ce qu'est la vraie Jonction [9] !"

III

20 *« Ayant abandonné tous les désirs,*
fermement établi dans l'Unité
le Parama-hamsa n'a qu'un bâton :
le bâton de la Connaissance !

21 *« Au contraire, le faux yogin*
qui brandit son bâton de bois
et mendie n'importe où sa nourriture
n'a pas la connaissance vraie.

22 *« Il ne sait pas ce que sont la patience,*
le renoncement et la paix :
perdu, il s'avance en aveugle
vers les enfers les plus terribles [10] !

22 *« Ayant compris la différence*
entre les deux, le Parama-hamsa
dépouille tout le superflu
et ne se vêt plus que d'espace [11].

24 *« Abandonnant le rituel,*
indifférent au blâme et à la louange,
il marche au hasard de la route,
comme fait l'ascète-mendiant.

25 « *Qu'on l'invite ou qu'on le repousse,*
cela n'est rien pour lui ;
il n'a plus besoin de mantra,
ni de yoga, ni de bhakti.

26 « *L'invisible n'est rien pour lui,*
ni, non plus, le visible ;
plus de "moi" ni de "toi" pour lui :
l'univers même a disparu !

27 « *Mendiant, ferme en son vœu,*
il va, désormais sans demeure,
dédaignant l'or et les regards des filles [12]*,*
ne cherchant plus à dominer quiconque !

28 « *Car un ascète avide d'or*
se détache de l'Absolu ;
s'il le touche, il devient démon,
et tue son Ame s'il le prend !

29 « *Le Parama-hamsa*
ne doit donc ni vouloir de l'or,
ni toucher l'or, ni s'en saisir,
mais chasser de son cœur tous les désirs.

IV

30 « *Le malheur ne l'agite pas,*
le bonheur l'indiffère ;
pour lui, le laid, le beau sont identiques,
il ne hait point et n'aime plus [13]*.*

31 *« Le train de tous ses sens s'apaise,*
    en lui l'âtman fait sa demeure !
    Pleinement éveillé,
    ayant la Joie suprême,

32 *« il a le droit de proclamer,*
    en esprit et en vérité :
    "Ce qu'est le brahman, je le suis [14] *!"*
    Il est au bout de sa carrière ! »

Telle est l'Upanishad.

Advaya-Târaka Upanishad

Introduction

I

Il existe une trentaine d'Upanishads traitant du yoga, au sens strict du terme, dont une dizaine seulement ont été traduites en français [1], malgré l'importance de leur apport à la connaissance que nous pouvons avoir de cette discipline. Bien entendu, le chiffre de trente ne concerne que celles des Upanishads dont le yoga est le sujet exclusif : presque toutes les autres parlent à un moment ou à un autre du yoga, sa philosophie, l'idéologie qui le sous-tend, etc. La Bhagavad Gîtâ, ne l'oublions pas, le fait aussi, et de bout en bout. Comme le font également tant d'autres textes brahmaniques : les deux Épopées (le *Mahâbhârata* et le *Râmâyana*), les Purânas, les Tantras, etc. En un sens, on peut dire que toute la littérature sanskrite parle de yoga, d'une façon ou d'une autre, et cela parce que, tout simplement, le yoga est au cœur de la pensée hindoue. Restent enfin les textes spécialisés, à commencer évidemment par les Yoga-Sûtras de Patanjali [2] avec les commentaires traditionnels (Vyâsa, Vachaspati Mishra, Bhojarâja) et les nombreux traités techniques : Hathayoga-Pradipikâ [3], Ghéranda-Samhitâ, Shiva-Samhitâ, etc.

Dans une littérature d'une telle ampleur, les différences sont nombreuses. Le yoga y est abordé de multiples façons : rigueur doctrinale chez Patanjali, lyrisme religieux dans la Bhagavad Gîtâ, recettes de travail dans la Shiva-Samhitâ, etc. Les Épopées et les Purânas aiment à conter des histoires de yogins exceptionnels et les commentateurs, pour leur part, polémiquent à propos de tel ou tel point de doctrine. Les Upanishads tiennent dans cet ensemble une place à part. On sait que, selon la tradition hindoue, elles font partie intégrante du canon védique, c'est-à-dire des Écritures révélées. A ce titre, elles sont tenues pour « non humaines » et n'ont donc pas d'auteur. Ce caractère sacré leur interdit de se transformer en traités didactiques ou en ouvrages polémiques. Il ne s'agit dans ces textes ni de décrire en détail une pratique, ni de bâtir une théorie, mais de valoriser une attitude ou d'exalter une démarche spirituelle qui, l'une et l'autre, sont supposées connues du lecteur, ou mieux : de l'auditeur, puisque ces textes ont été longtemps transmis oralement, de maître à disciple. A la limite, on pourrait dire que les Upanishads sont des « célébrations », des hymnes (en vers ou en prose) à la gloire de tel ou tel aspect du yoga.

L'Advaya-Târaka Upanishad en est un bon exemple, puisqu'elle présente un aspect très particulier du yoga et assure que la connaissance de celui-ci suffit à la réussite du but suprême. D'autres Upanishads, évoquant d'autres aspects du yoga, assureraient la même chose, sans qu'il y ait discordance, le propre d'une célébration étant, par définition, de placer l'objet célébré au-dessus de tous les autres. Signalons que c'est d'ailleurs une constante de la littérature sanskrite : les hymnes védiques, par exemple, font systématiquement de la divinité dédicataire « le plus grand des dieux, la plus haute déesse, » etc. Et un même auteur peut successivement dire : « Tu es le Meilleur » ou même : « Tu es l'Unique » à Indra, puis à Agni, à Varuna, à Mitra, etc. Et il y a là bien davantage qu'un simple artifice littéraire ; il s'agit en fait de la reconnaissance de la multiplicité du réel : les dieux sont nombreux parce qu'ils occupent de nombreux secteurs de la Réalité et chacun d'eux est parfaitement adapté à sa fonction *(dhâmân* [4]*);* il est donc légitime de le saluer comme le Meilleur : il l'est effectivement, à sa place. De la même façon, les chemins spirituels sont nombreux qui conduisent au Salut, et chacun est exactement adapté : on peut donc célébrer celui-ci ou celui-là en disant qu'il est « le plus efficace » car il l'est effectivement, dans son ordre.

II

L'Upanishad commence par rappeler (str. 1) qu'elle ne concerne que ceux qui sont bien avancés dans la voie spirituelle. Il s'agit donc d'un enseignement de haut niveau destiné au *sâdhaka* (disciple), non au novice. Les strophes 2 et 3 expliquent alors qu'il va s'agir dans la suite du texte d'une forme de méditation *(dhyâna)* s'accompagnant de « visions intérieures ». Étant entendu que ces manifestations colorées ne sont que le vêtement, l'apparence, le signe du *brahman* suprême. Mais les obtenir n'est pas aisé ; on peut y parvenir, dit la strophe 4, de trois manières.

a) D'abord l'expérience « intérieure » *(antar-lak-*

shya), exposée dans la strophe 5. Elle consiste à méditer sur la *kundalinî,* l'Énergie *(shakti)* semblable à un
serpent femelle « enroulé, lové » *(kundalinî)* à la base
du corps subtil. Éveillée par le *prâna* (souffle vital) mis
en jeu par la méditation profonde *(dhyâna),* la *kundalinî* monte par le conduit central [5] *(sushumnâ),* « l'artère
du *brahman* », jusqu'au sommet du crâne. Le signe de
la réussite est la vision par le méditant d'une lumière
bleue *(nîla-jyotih)* en haut de son front, accompagnée
de l'audition d'un son étouffé *(phût-kâra shabda).* Il
est alors gagné par une joie ineffable, avant-goût de la
béatitude éternelle dont jouit l'âme délivrée.

b) Il existe aussi une expérience « extérieure » (str. 6)
(bahirlakshya), qui se distingue de la précédente en
ceci que les manifestations colorées sont plus diverses
et paraissent se situer non pas à l'intérieur du front (ou
du cœur), mais en avant de celui-ci, à l'extérieur donc.
L'Upanishad précise ces visions à quatre, six ou douze
doigts en avant du nez. Il y a également d'autres manifestations colorées au niveau du sol et surtout au-dessus
de la tête, ces dernières étant les meilleures puisque,
nous dit-on, les percevoir c'est gagner l'immortalité
(amritatva).

c) Reste enfin l'expérience dite « intermédiaire »
(madhya-lakshya), que décrit la septième strophe. Elle
consiste en la perception directe (sans méditation, sem-
ble-t-il) d'une lumière surnaturelle qui n'est ni celle du
soleil, ni celle du feu, ni celle du ciel diurne. Lumière à
la fois multicolore *(chitra)* et indivisible *(a-khanda),*
qui n'est autre que la manifestation de l'Éther *(âkasha)*
« sans qualités » (autre nom de la Substance primor-
diale, identique au *brahman,* lui aussi « sans qualités »). Cette perception de l'Éther essentiel *(paramâ-*

kasha) conditionne celle, corrélative, des cinq Éthers manifestés, correspondant aux cinq domaines de perception et d'action : la vue et le champ de vision, l'ouïe et le champ d'audition, etc. Ainsi le yogin prend possession à la fois de lui-même (les cinq sens) et de l'univers (les cinq secteurs de la Réalité).

d) La suite du texte ne concerne plus que les deux formes (l'extérieure et l'intérieure) du târaka-yoga. Ces deux formes, en effet, dit la neuvième strophe, sont semblables à la double image du soleil : celle qui brille là-haut dans le ciel représente le macrocosme ; celle qui brille en nous-même, dans notre « espace intérieur » (*shiro-madhya-stha âkashah* : « l'Éther situé au milieu de la tête »), représente le microcosme. Le but du yoga étant de permettre la réalisation effective du macrocosme et du microcosme dans l'individu qui le pratique.

e) La longue strophe 10 explique, à ce propos, que le mental *(manas)* est un instrument nécessaire dans le progrès spirituel. La méditation, en effet, s'accompagne de perceptions visuelles qui peuvent prendre forme *(mûrti)* ou non *(a-mûrti)*. Mais, insiste l'Upanishad, qu'il y ait ou non des images, et que celles-ci soient extérieures ou intérieures, les facultés mentales restent actives. On les perçoit avec l'œil intérieur, certes, mais le travail de celui-ci reste lié au fonctionnement du *manas (manoyuktena cakshushâ)*.

f) L'Upanishad s'achève alors (str. 11 et suivantes) par la recommandation de pratiquer assidûment ces deux formes de méditation : à le faire, on gagne quelques-uns des pouvoirs merveilleux *(siddhi)* et notamment celui de purifier et de sanctifier l'endroit où l'on séjourne (str. 12). Suit (str. 14 à 18) un hymne au maître spirituel, car il est bien entendu que l'on ne peut pratiquer seul un tel yoga. Enfin, conclusion habituelle (str. 19 et 20) sur les avantages qu'il y a à réciter l'Upanishad.

III

Il reste maintenant à comprendre ce qu'est exactement l'enseignement donné par l'Upanishad. Le titre en effet n'est pas aussi limpide que l'on pourrait le penser. Il est formé de deux mots, un adjectif, *advaya,* et un substantif, *târaka.* Le premier signifie « sans *(a-)* second *(-dvaya)* », ou « sans double, sans couple », donc « unique ». Parfois utilisé comme un substantif, *advaya* désigne l'Ultime Réalité en tant qu'elle est Unique, donc le *brahman* (ou le *purusha*). Quant à *târaka,* c'est également un adjectif utilisé comme nom et dont le sens est « sauveur », ou plus exactement « celui qui fait traverser (les difficultés, ou les dangers, comparés à un fleuve dangereux) », donc : « passeur ». Cette signification apparaît nettement dans l'Upanishad elle-même où on lit (str. 3) : *sam-târayati tasmât târa-kam iti,* « puisqu'il fait passer, on l'appelle le Passeur ». Et le contexte explique que l'obstacle à franchir, c'est « le fleuve angoissant de l'existence » *(samsâra-ma-hadbhaya).* On est donc en terrain familier puisque c'est un leitmotiv des Upanishads que de présenter le salut comme une délivrance *(mukti, moksha)* des liens de la transmigration *(samsâra).* De plus, le *samsâra,* qui par définition est multiplicité, s'oppose tout natu-rellement à l'unité essentielle de l'état principiel, celui auquel il faut faire retour pour être sauvé. On peut donc traduire *advaya-târaka* par « le Passeur (qui conduit à) la non-dualité » ou « le moyen salutaire par lequel on fera retour à l'unité ».

On observera cependant que l'Upanishad, dans sa troisième strophe, identifie *târaka* et *brahman*, quitte à indiquer immédiatement après que « le Passeur » est en réalité le nom d'une certaine forme de yoga. C'est d'ailleurs ce sens particulier qui prévaudra dans la suite du texte. Il faut donc admettre finalement que *târaka* est une sorte de nom propre désignant une technique particulière. On songe évidemment aux Yoga-Sûtras de Patanjali, où le mot *târaka* apparaît une fois (3.55) comme nom d'une certaine forme de connaissance *(târakam... jñânam)* « née du discernement » *(vivéka-jam)* et « englobant toute la réalité » *(sarvavishayam)*. Qu'une telle connaissance soit « salvatrice » *(târaka)* découle du fait qu'elle consiste en une vision unifiée (non duelle : *advaya*) de la réalité : le temps, par exemple, est saisi d'un seul coup, comme un seul et unique instant où se mêlent le passé, le présent et l'avenir. Et les commentateurs de préciser que cette intuition est une lumière intérieure *(pratibhâ)*, celle-là même dont Patanjali avait dit dans les Sûtras précédents qu'elle se situait « dans la tête » *(mûrdha-jyotish*, 3.33).

Or ceci rejoint exactement l'enseignement de l'Upanishad qui insiste particulièrement sur les images colorées que l'adepte perçoit à l'intérieur de lui-même, ou à l'extérieur (en avant de son nez, au-dessus de sa tête, etc.), ou encore à la fois à l'intérieur et à l'extérieur (l'Éther suprême, et les cinq Éthers « subalternes »). Images qui sont la manifestation « intellectuelle » de la lumière pure *(shukla-téjas :* « l'éclat blanc », str. 10) grâce à laquelle il peut obtenir la « vision des essences» (*sattvadarshana*, str. 10) qui lui apportera la Délivrance *(so 'pi mukto bhavati)*. Au total donc, le *târaka* est ce que Patanjali nomme un *sa-myama*, c'est-à-dire une pratique à base de concentration mentale (*dhâranâ;* on se souvient que l'Upanishad insiste sur le rôle joué par le mental) et de méditation profonde *(dhyâna)*, débouchant sur une certaine forme de *samâdhi*. Et l'on ne s'étonnera pas que l'Upanishad, en accord en cela avec Patanjali et ses commentateurs, tienne le *târaka* pour l'un des plus hauts *samyamas*, dans la mesure où il permet à l'adepte d'acquérir une vision claire de l'Unité.

Il reste cependant à rappeler que le mot *târaka* implique encore deux autres choses. La première est que *târâ* est le nom donné aux pupilles de l'œil, ou plus exactement à cet éclat lumineux que l'on perçoit dans les yeux d'autrui ou dans les siens propres quand on se regarde dans un miroir. L'Upanishad y fait certainement allusion (str. 9) lorsqu'elle signale que l'on trouve à l'intérieur des deux yeux les deux images du Soleil et de la Lune. Là encore, le *târaka-samyama* permettra à l'adepte de réaliser que ces deux images lumineuses *(târâ)* sont à la fois humaines et cosmiques, et donc de discerner, au-delà de l'apparence duelle, l'unité fondamentale sur laquelle il devra méditer après avoir maîtrisé son esprit (*mano-yukto dhyâyét*, str. 9).

L'autre implication est le sens d'«étoile» qu'a le mot sanskrit *târâ*. L'Upanishad ne cite pas directement le mot (sauf dans une variante, peu sûre, de la strophe 7, où il est question de «l'éclat radieux de l'Étoile»), mais il est impossible que les auteurs n'y aient pas pensé, car il est de tradition en Inde d'interpréter le mot *târâ* par référence au verbe *târâyati*, «il fait traverser».

106

Il y a donc une déesse Târâ, « Étoile salvatrice ». De toute façon, il est évident que c'est la notion de « lumière » qui fédère les diverses acceptions du mot *târaka* tel qu'il est employé dans l'Upanishad. Lumière « intellectuelle » comme aurait dit Platon, lumière de la *Buddhi* (l'Intelligence supérieure, la Connaissance intuitive) comme disent les Upanishads. Et, bien entendu, cette lumière subtile, également répartie dans tout l'univers, est la manifestation première du *brahman* (d'où l'identification de *târaka* et de *brahman* à la strophe 3) ; ou, si l'on préfère, elle est le signe de sa présence au centre de toutes choses, tant dans le microcosme (l'homme) que dans le macrocosme (l'univers). Dès lors, on comprend que la découverte de cette lumière soit une « connaissance salvatrice » (*târakam... jñânam,* Yoga-Sûtras 3.55) et que le moyen de la découvrir soit un *samyama* « sauveur », puisque, selon l'adage, « on devient ce que l'on connaît ». En ce sens, il est vrai de dire que le *târaka* conduit à la non-dualité (*advaya*). D'où le nom de l'Upanishad qui exalte cette pratique.

Advaya-Târaka Upanishad

1

Voici l'Upanishad du Passeur
qui conduit à l'Unité ;
nous allons l'exposer pour le bien de celui
qui a dompté ses sens
et acquis les six vertus :
Paix du cœur, Maîtrise de soi,
Arrêt des vains désirs, Patience,
Concentration mentale, Confiance.

2-3

Tout en méditant
sur le mantra à cinq syllabes :
« Je suis la Conscience universelle [6] »,
l'adepte ferme les yeux,
complètement ou à demi,
et tourne son regard
vers l'intérieur de lui-même ;

il perçoit alors
au-dessus d'un point
à hauteur du front,
entre les deux sourcils,
une masse lumineuse
c'est le Brahman suprême,
Être-Conscience-Béatitude
à Qui il s'identifie!

Car c'est lui,
le Brahman suprême,
qui aide à traverser
le fleuve angoissant de la vie,
avant la naissance,
durant l'âge adulte
et à l'heure de la mort [7] *:*
d'où son nom de Passeur.

De même, si l'on sait reconnaître
que l'Âme vivante et le Seigneur lui-même
ne sont que de vaines illusions,
et si l'on parvient à rejeter
même ce qui se trouve au-delà
en disant : «Non! ce n'est pas Cela [8] *!*
ce n'est pas Cela!»,

on perçoit le Brahman comme unique.
D'où le nom du Yoga
«qui fait passer»
et conduit à l'Unité.

4

Pour parvenir à cette Vérité,
il faut utiliser trois formes d'expérience :
l'une est intérieure,
l'autre est extérieure,
la dernière intermédiaire.

5

Voici l'expérience intérieure :
Sushumnâ, l'artère du Brahman,
est au milieu du corps subtil ;
par son éclat,
elle ressemble au Soleil
et à la Pleine Lune ;

elle jaillit du Centre de la Base
et monte droit
jusqu'à l'ouverture du Brahman ;
en elle est l'Énergie,
tel un serpent enroulé [9]
sur lui-même,
flamboyant comme mille éclairs,
délicate comme une tige de lotus.

Lorsque l'adepte l'a vue,
ne serait-ce qu'en esprit,
il est délivré
des liens de l'existence corporelle,
grâce à la purification
que cette vision opère en son être !

Et quand, par le Yoga du Passeur,
l'adepte perçoit en permanence
une lumière au sommet de son front,
il a atteint la perfection.

Puis, s'il se bouche les oreilles
avec l'extrémité de ses index,
il perçoit un son
pareil à la syllabe Phut [10] ;

fixant son attention sur ce son,
il perçoit alors, en son esprit,
une lumière bleue
située au milieu de son front
et il connaît, grâce à cette vision,
une joie que rien ne peut surpasser.

D'autres fois, cette même lumière
est vue de l'intérieur du cœur :
si l'on veut donc gagner la Délivrance,
on devra pratiquer de la sorte
l'expérience intérieure !

6

Et voici maintenant l'expérience extérieure :
il devient un yogin véritable,
celui qui, en avant de son nez,
à quatre, six ou douze doigts,
parvient à percevoir l'espace
de couleur bleue, frangé d'indigo,
irisé de rouge et d'orange ;

ou lorsque regardant
vers le coin de ses yeux,
ou fixant le sol,
il perçoit des rayons de lumière,
brillant comme de l'or en fusion!

Et celui qui perçoit l'espace
à douze doigts au-dessus de sa tête
devient immortel!

Oui! voir le ciel
brillant au-dessus de la tête,
c'est devenir un yogin véritable
et c'est pourquoi il est bon
de pratiquer l'expérience extérieure!

7

Reste l'expérience intermédiaire :
l'adepte qui, au lever du jour,
perçoit une lumière aussi brillante
que celle du disque solaire,

indivisible,
mais multicolore et innombrable,
pareille à l'éclat changeant du feu
et à la profondeur insondable du ciel,

cet adepte-là s'identifie
à la Lumière elle-même,
c'est-à-dire à l'Éther sans qualités!

Lorsqu'il perçoit cette lumière,
il s'unit à l'Éther majestueux [11]
qui flamboie
comme le feu de la fin des temps ;

il s'unit à l'Éther essentiel
dont la radiance dépasse tout ;
et à l'Éther solaire
qui brille comme mille soleils !

Ainsi, par le Yoga du Passeur
perçoit-on les cinq Éthers
tant extérieurs qu'intérieurs :
une telle vision délivre
des liens de l'existence corporelle ;

elle mue le yogin en quelque chose
d'aussi pur que l'Éther
et lui procure de la sorte
un état que rien ne peut définir !

8

Le Yoga du Passeur
s'exerce donc de deux façons :
par la première, on passe
le fleuve des vies successives ;

par la seconde, on acquiert des fruits
que la raison ne saurait définir !
Ceci selon l'adage des Anciens :

114

« *Sache que le Yoga du Passeur*
se manifeste sous deux formes :
l'inférieure donne le salut,
la supérieure ne peut se définir ! »

9

A l'intérieur des deux yeux,
se trouve la double image
du Soleil et de la Lune :

grâce à ce Yoga à deux formes
l'adepte obtient de percevoir
que les deux disques qu'il contemple
dans l'espace au fond de sa tête
sont identiques, en vérité,
aux deux astres du macrocosme.

Maîtrisant son esprit,
il devra méditer
sur cette vision unitaire,

car celui qui ne comprend pas
que microcosme et macrocosme
sont un seul et même univers
ne parviendra jamais
à surmonter l'illusion sensorielle.

C'est pourquoi, en définitive,
la forme intérieure
du Yoga du Passeur
est celle qu'il vaut mieux réaliser.

10

Celle-ci est double, elle aussi :
avec ou sans image mentale.
Toute perception d'origine sensorielle
s'accompagne en effet d'image mentale ;

en est dépourvue la perception
localisée au-delà de l'espace
compris entre les deux sourcils.

De toute façon, lorsque l'on recherche
la perception d'images, même intérieures,
les facultés mentales restent nécessaires.

Ainsi, grâce au regard intérieur
accompagné des facultés mentales,
l'adepte perçoit le Brahman,
fondement de toute réalité,
sous la forme d'une lumière pure
par quoi se manifeste la triade :
Être, Conscience, Béatitude.

C'est ce Brahman que contemple l'adepte,
grâce à son regard intérieur
associé à ses facultés mentales !

Ainsi de la perception sans image,
car c'est par le regard de la pensée
que l'on perçoit l'espace subtil
et les diverses sortes d'Éther.

La vision des essences n'est possible
que par le seul regard de la pensée,
tant dans la perception extérieure
que dans la perception intérieure ;

s'il réalise l'union de son âme
avec ce regard mental
l'adepte obtiendra à jamais
une vision des essences
totale, parfaite, définitive.

C'est pourquoi la perception intérieure,
avec ou sans image,
doit s'accompagner de l'usage
des facultés mentales,
dans la pratique du Yoga du Passeur.

11

Concentrant donc son regard
sur l'ouverture subtile du front,
un peu au-dessus du point
situé entre les deux sourcils [12],
l'adepte y voit une lumière :
celle-là même qui émane du Passeur !

Il hausse ensuite ses sourcils,
unissant avec effort cette lumière
à ses facultés mentales
et au Yoga lui-même :
c'est là ce que l'on nomme
« perception intérieure
avec image mentale ».

Quant à celle qui en est dépourvue,
elle consiste en la perception
d'un fort rayon lumineux
au niveau du palais :

s'il contemple ce rayon lumineux,
l'adepte acquiert des pouvoirs
tels que celui de réduire sa taille
ou de l'augmenter à sa guise, etc.

12-13

Et que ce soit dans l'une ou l'autre forme,
contempler la lumière intérieure
sans cligner des yeux
constitue ce que l'on nomme le Geste de Shiva.

Il sanctifie l'endroit où il se tient,
il délivre l'univers de toute souillure
l'adepte qui est parvenu
à ce stade de réalisation.

Et qui, par chance, rencontre et vénère
un adepte parvenu à ce stade
est libéré des liens du péché.

Un tel yogin assume
la forme même de la lumière
qu'il perçoit par sa vision intérieure,

car son regard,
guidé par le Maître suprême,
perçoit le Soleil rayonnant,
puis l'Intelligence cachée
dans la caverne du cœur,
enfin l'Esprit Quatrième [13]
au-delà des seize qualités.

14-18

Pour pratiquer un tel Yoga,
il faut être guidé par un guru
qui soit versé dans les Védas,
dévot de Vishnu, bienveillant;

qui connaisse bien le Yoga
et le pratique à fond;
qui ait l'âme formée par le Yoga,
purifiée par le Yoga!

Seul un tel précepteur,
dévoué à ses propres maîtres
et vrai serviteur du Seigneur
mérite le nom de Guru [14].

Mais Gu c'est les ténèbres,
et Ru c'est la lumière
qui les repousse et les disperse,
ainsi le guru vainc-t-il l'ignorance!

Le maître est le Brahman.
Il est le Chemin qui y mène.
Il est le Savoir essentiel
et le Refuge inviolable.

Le maître est la Carrière,
il est l'enjeu suprême ;
lui seul enseigne l'Absolu
et pour cela domine tout !

19-20

L'adepte qui récitera
même une seule fois
cette Upanishad du Passeur
obtiendra la Libération !

Et lavé de tous ses péchés,
même de ceux qu'il a commis
dans ses vies antérieures,
il verra se réaliser
tous ses désirs, toutes les fins
de l'existence humaine !

Telle est l'Upanishad.

Bahvrichâ Upanishad

Introduction

I

Cette Upanishad appartient au groupe *shâkta,* c'est-à-dire tantrique. Elle se situe donc dans la mouvance de ce grand courant de l'hindouisme qui met en avant la notion d'Énergie cosmique *(shakti),* volontiers personnifiée en un personnage divin que l'on appelle simplement *dêvî :* « la Déesse ». Bien entendu, selon l'une des tendances fondamentales du brahmanisme, cette déesse a de nombreuses hypostases, riche chacune d'une mythologie significative. Au total, donc, les noms des déesses sont quasi innombrables et leurs sanctuaires se voient partout en Inde. Citons parmi les plus importantes : Durgâ, déesse combattante montée sur un lion (ou un tigre) ; Annapurnâ, déesse de l'abondance et de la prospérité ; Kâlî, déesse terrible et vengeresse. De plus, chaque dieu est accompagné de sa parèdre, laquelle personnifie son énergie, sa puissance, sa faculté d'agir. Ainsi, Vishnu est accompagné de Lakshmî, Shiva de Pârvatî, Brahmâ de Sarasvatî, et ainsi de suite.

D'autre part, selon l'équation habituelle du microcosme et du macrocosme, la *shakti* est à l'œuvre non seulement dans l'univers pris dans son ensemble, mais également en chacune de ses parties. La déesse habite donc dans le cœur de l'homme et c'est par elle que celui-ci vit et agit. L'individu ordinaire, cependant, ne reconnaît pas cette situation et, en raison de cette ignorance, n'utilise qu'une petite partie de ladite Puissance. La déesse est présente en lui, mais c'est comme si elle n'y était pas. Tout le programme du tantrisme consistera donc à enseigner ce qu'est l'univers afin que l'homme soit capable de «réaliser» (mot clé de l'hindouisme) l'existence de la *shakti* en lui, étant entendu que cette connaissance est capable d'«éveiller» l'Énergie latente (comparée à un serpent femelle endormi à la base du corps subtil). Si l'éveil se produit, l'Énergie prend réellement possession de l'individu, elle manifeste sa puissance et l'homme s'en trouve transfiguré : il gagne, par là même, l'immortalité, la délivrance des liens de la transmigration ; il devient semblable à un dieu ; il s'identifie au Principe de toutes choses ; le vocabulaire varie selon les écoles, mais l'idée est toujours la même.

Le tantrisme s'exprime dans un grand nombre de textes auxquels on donne les noms génériques de *Tantras* («Livres»), de *Samhitâs* («Recueils») ou d'*Agamas* («Traités»). Ouvrages énormes voués exclusivement à l'exposé de la doctrine, du rituel, de la mythologie et des moyens psychosomatiques (*yoga* et analogues) permettant d'éveiller la *shakti*. Plus largement, l'esprit tantrique se diffuse dans de nombreux secteurs de la littérature indienne et, notamment, dans les œuvres modernes où il a tendance à devenir majoritaire. Il s'y mêle à d'autres influences (celle du Védânta, celle du yoga classique, etc.) pour produire une forme de pensée où la notion de Conscience-Énergie est mise en avant : l'univers n'existe que dans la mesure où il est animé par une puissance vitale en laquelle on reconnaît une Intelligence (une Conscience). A partir de cette position, on évolue soit vers la dévotion, et c'est le cas le plus fréquent, soit vers une interprétation métaphysique, c'est-à-dire vers une certaine forme de Védânta. L'aspect dévotionnel n'exclut d'ailleurs aucune divinité : nombreux par exemple sont ceux qui servent Krishna « à travers » la vénération de sa « Conscience » (c'est-à-dire de son pouvoir divin) ou qui préfèrent adorer Lakshmî plutôt que Vishnu, par crainte révérentielle : la déesse est plus facile à approcher, dit-on, que son divin époux. Ainsi le tantrisme parvient-il à s'adapter à toutes les situations ; souplesse qui explique son extraordinaire diffusion dans la pensée hindoue.

Cette situation n'est d'ailleurs pas nouvelle, comme le montre l'étude des Upanishads qui relèvent de cette discipline. Indatables (puisqu'elles sont anonymes et volontairement intemporelles), elles appartiennent à l'hindouisme dit « classique » qu'inaugure la Bhagavad Gîtâ (vers le VIᵉ siècle avant notre ère) et qui se prolonge jusqu'au moment où l'Inde tombe sous la domination musulmane (vers le XIIᵉ siècle après Jésus-Christ). Longue période où sont produites les œuvres majeures du brahmanisme : *Épopées, Purânas, Sûtras,* avec celles des grands commentateurs : Shankara, Râmanuja, tant d'autres encore. La plupart des Upanishads ont été élaborées et mises en forme dans ce contexte, et il n'est donc pas étonnant que certaines d'entre elles (une trentaine environ) soient consacrées à la célébration de tel ou tel aspect de la pensée tantrique. Bien entendu, comme il est normal dans ce type de textes, on n'y trouve jamais d'exposés exhaustifs (même sur un point de doctrine) ni de discussions polémiques, mais toujours l'exaltation des résultats que l'on obtient à pratiquer tel rite tantrique. Il s'y ajoute, et c'est ce qui fait l'originalité des Upanishads *shâkta,* la communication de formules secrètes *(mantras),* données en langage codé.

Le tantrisme en effet croit éminemment en la vertu des mots et des sons : l'un des noms les plus anciens de la déesse est Vâch, «la Parole», personnification du Véda en tant que vibration sonore *(shabda)* et chaîne de formules efficaces *(mantra).* Dans une prosopopée célèbre, qui figure dans le Rig-Véda (hymne 10.125), la déesse-Parole explique qu'elle est celle qui soutient tout l'univers, à commencer par les dieux eux-mêmes : «C'est Moi, dit-elle, qui porte Mitra, Varuna, Indra, Agni, et les Ashvins !» ; et plus loin : «C'est Moi qui donne la richesse au sacrifiant, car je suis la Souveraine *(râshtrî)* en qui confluent tous les biens !» ; enfin, en conclusion : «Née dans les Eaux primordiales, dans l'Océan originel, je me suis dispersée dans tous les êtres *(bhuvanâ… vishvâ).* » On retrouve là l'intuition première de la pensée tantrique : l'Énergie cosmique partout diffusée est à la fois Conscience et Verbe. De là les vertus extraordinaires que l'on attribue aux *mantras.* Bien prononcée (exactitude phonétique, choix du moment, détermination de l'intention, etc.), ils sont d'une efficacité parfaite. Dans le Véda déjà, était reconnue la valeur du monosyllabe OM, celle d'exclamations liturgiques, comme BHUR, BHUVAH, SVAR, celle d'appels rituels, comme *svâhâ, vashat,* etc. Progressivement, on en vint à attribuer à chaque divinité un son particulier qui la désignait secrètement. Ainsi GAM pour Ganésha, HRÎM pour la déesse, LA pour Indra, et ainsi de suite.

En même temps que cette symbolique sonore se compliquait, elle tendit à devenir occulte, peut-être simplement parce qu'il fallait être un spécialiste pour s'y reconnaître. De plus, certains rites tantriques étant mal acceptés, les adeptes prirent l'habitude de se protéger. Ils adoptèrent alors ce que l'on a appelé *samdhyâ-bhâshâ*, «langage crépusculaire», c'est-à-dire codé, secret, compris des seuls initiés. Ainsi peut-on lire par exemple dans la Dévî Upanishad les mots suivants : «L'amour, la matrice, le plaisir, Indra, et la caverne», énumération apparemment hétéroclite, mais qui enseigne en réalité le *mantra* que l'on doit utiliser à un moment du rituel d'adoration de la déesse. Ce *mantra* est formé des syllabes KÂ (l'amour), E (la matrice), Î (le plaisir), LA (Indra) et HRÎM (la caverne) : KÂ-E-Î-LA-HRÎM. On devine que les Upanishads sont particulièrement intéressées par cet aspect du tantrisme : la symbolique, les corrélations macro/microcosmiques, l'interprétation mystique du rituel forment leur domaine privilégié, lequel coïncide, en l'occurrence, avec celui du tantrisme.

II

La Bahvrichâ Upanishad est, à cet égard, exemplaire. Elle s'ouvre très ambitieusement par une petite cosmogonie (str. 1 et 2) : au commencement, la déesse, émit (pondit ?), nous dit-on, l'œuf dont est issu tout l'univers. Vision familière au brahmanisme qui célèbre, on le sait, Hiranya-garbha, «l'embryon d'or» (ou : *Brahmânda*, « l'Œuf de Brahmâ »). On notera qu'ici la déesse se trouvait à côté de l'œuf sous la forme d'une vibration sonore : le son ÎM combiné avec le « point d'orgue » qui prolonge OM. D'elle, en tout cas (c'est-à-dire de l'œuf brisé — ou couvé — par ses soins), naissent les dieux et tous les êtres, jusqu'aux humains.

Suit (str. 4 et 5) une présentation de la déesse elle-même : elle est l'Énergie suprême *(parâ shakti)*, la Science des *mantras*, la Parole *(vâch)* sur quoi tout repose, y compris le monosyllabe sacré OM. On la salue enfin comme Conscience *(chiti)* intérieure (c'est-à-dire présente en chaque partie de l'univers) et l'on enseigne encore que l'*âtman*, c'est Elle *(sâ éva âtmâ)* et donc aussi le *brahman*, selon l'équation habituelle. Par voie de conséquence, dit l'Upanishad, le Seigneur « Être-Conscience-Béatitude » *(Sach-Chid-Ânanda)* est en réalité non pas dieu *(îshvara)*, mais la déesse elle-même : « divinité universelle » *(sarva-dé-vatâ)*, « unique vérité » *(satyam ékam)*.

Pour finir (str. 7 à 9), le texte assure que toutes les « Grandes Paroles » *(mahâ-vâkya)* en quoi se résume l'enseignement des Upanishads constituent ensemble la Parole Unique (la Science, la Conscience), c'est-à-dire la déesse, dont on donne ensuite une longue série de noms, familiers ou insolites. On y insiste sur l'aspect agréable de la déesse que l'on appelle la Jeune Fille, la Charmante, la Petite Mère, etc., ainsi que sur sa souveraineté (elle est *bhuvanèshvarî*, « celle qui règne sur la nature entière ») et sa liberté (elle est « la fiancée qui choisit elle-même son futur époux »).

L'explication du titre de l'Upanishad réside dans les quelques vers qui en constituent la conclusion (str. 9).

On y rappelle que les strophes védiques *(rich)*, divines de nature (elles ont été révélées, au commencement du monde), ne sont efficaces, dans le rituel, que si celui qui les prononce possède lui-même la Science des *mantras*. Science dispensée par la déesse qui est elle-même « celle qui s'identifie aux nombreuses strophes du Véda *(bahv-richâ)* ». Ce dernier mot est donc un autre nom de la déesse comme l'est celui plusieurs fois répété dans le texte de Mahâ-Tripurâ-Sundarî : la « Grande » *(mahâ)* Déesse, la « Très belle » *(sundarî)*, qui a pénétré les « trois cités » *(tri-purâ)*, c'est-à-dire les trois mondes, l'univers.

Bahvrichâ Upanishad

1 *Au tout début de l'univers*
   la déesse [1] était seule.
   Elle émit l'Œuf du monde [2].
   Elle était alors le son IM
   et la résonance nasale
   par quoi OM se prolonge.

2 *C'est d'Elle que Brahmâ naquit;*
   d'Elle, Vishnu; d'Elle, Rudra [3];
   d'Elle, tous les Maruts, en bandes;
   d'Elle, les Gandharvas,
   les Apsaras, les Kimnaras [4],
   et tous les musiciens du Ciel.

   D'Elle naquit le Désirable
   et tout ce qui a l'Énergie [5];
   d'Elle aussi tous les Êtres
   qu'ils aient pour origine
   l'œuf, l'eau, la graine, ou la matrice:
   les végétaux, les animaux,
   tous, tant qu'ils sont!
   D'Elle aussi les humains...

3 *C'est qu'Elle est l'Énergie suprême,*
la Doctrine apaisante
qui consiste en trois mantras :
KÂ. É. Î. LA. HRÎM.
HA. SA. KÂ. HA. LA. HRÎM.
SA. KÂ. LA. HRÎM.
C'est là le secret d'OM
car OM a pour support [6]
la déesse-Parole!

4 *Elle s'est diffusée*
dans les trois corps, les trois villes,
rayonnant sur eux Sa lumière
à l'intérieur, à l'extérieur [7] !
Parce qu'Elle est intimement
mêlée au temps et à l'espace
on dit qu'Elle est la Conscience Intérieure,
Mahâ-Tripurâ-Sundarî!

5 *Elle seule est l'Ame cosmique*
car en dehors d'Elle il n'y a
que mensonge [8] et non-âme!
Elle est donc le brahman
comme Conscience universelle,

et réunit en Elle-même
à la fois l'Être et le Non-Être ;
par Elle on connaît la Conscience
en tant que brahman sans second
comme une vague d'Existence,
de Conscience, et de Joie [9] !

Elle est entrée dans tous les êtres,
Mahâ-Tripurâ-Sundarî,
à l'intérieur, à l'extérieur
de chacun d'eux; et sur chacun
Elle rayonne sa lumière!

Ce qui n'est qu'Être seulement,
et que Conscience illuminante,
ce qu'est l'Amour, ce qu'est la Joie,
C'est la déesse créatrice,
Mahâ-Tripurâ-Sundarî!

Divinité universelle
elle est tout à la fois
et le Toi, et le Moi, et tous les êtres
et tout ce qui existe,
Mahâ-Tripurâ-Sundarî!

Elle est la seule Vérité,
la Nature, Elle : la Charmante,
Mahâ-Tripurâ-Sundarî!
en Elle il nous faut reconnaître
le brahman sans second!

6 Détaché des cinq formes
et des cinq éléments,
seul reste le Mahant,
support universel
ultime vérité [10].

7 Il est dit dans les Écritures que « le brahman est
connaissance »; et aussi : « Ce brahman, je Le
suis! » Ailleurs il est affirmé : « Tu es Cela », et :
« Cette Âme n'est autre que le brahman. »

8 *Ailleurs encore, on proclame : « Ce que je suis, c'est Lui ! » ou encore : « Celui qui est là-haut, je Le suis ! » Ces Grandes-Paroles* [11] *constituent toutes ensemble la Sainte Doctrine en seize parties et quinze syllabes, laquelle n'est autre que Mahâ-Tripurâ-Sundarî que l'on appelle aussi : la Jeune Fille, la Petite Mère, l'Oie sauvage, l'Éléphante ;*
Elle est la Fiancée qui choisit librement son futur époux ; Elle règne sur la nature entière ; on l'appelle Chândâ, Châmundâ [12], *Vârahâ ;*
c'est Elle, l'Éléphante royale, qui cache la réalité derrière un voile d'ignorance ; noire comme l'oiseau, et pourtant à peine noire [13], *Elle est montée sur un cheval et combat l'Angiras !*
Enveloppée de fumée, elle est la Solaire, la Chantante, la Rivière [14] *! Elle partage la joie du brahman !*

9 *Dans le séjour inaltérable*
sis au plus haut du Ciel
les strophes du Véda,
avec les dieux, ont leur demeure.

Mais à quoi serviraient ces strophes,
pour celui qui ne saurait pas [15] *?*
Seuls ont ici parfaite assise
ceux qui connaissent le brahman !

Telle est l'Upanishad.

Kali-Samtarana Upanishad

Introduction

Les origines du grand mouvement de *bhakti*, dévotion ardente qui anime l'hindouisme moderne et en constitue l'un des courants majeurs, se confondent avec celles de la civilisation indienne, puisque le Véda (IIe millénaire avant notre ère) est avant tout un recueil de prières et d'actions de grâces adressées à des personnes divines. On s'en rend compte dès que l'on ouvre le recueil *(Rigvéda-Samhitâ)* où l'on peut lire les strophes suivantes dans le tout premier hymne, dédié au dieu du Feu, Agni :

> *Nous t'approchons, jour après jour,*
> *Agni qui brilles dans la nuit,*
> *avec nos chants et notre hommage !*
>
> *Tu règnes sur nos sacrifices*
> *Tu gardes le monde et l'éclaires*
> *Agni qui croîs en nos demeures !*
>
> *Tel, pour son fils, un père,*
> *sois-nous d'accès facile, Agni !*
> *Garde-nous, pour notre bien-être !*

On pourrait multiplier les exemples : tous les grands dieux du panthéon védique, Agni, Varuna, Indra, Savitar (le Soleil), Mitra, etc., sont l'objet de l'amour de leurs fidèles avec qui ils entretiennent des rapports constants et familiers : « Chaque fois que deux hommes conversent, dit un texte célèbre, Varuna est en tiers avec eux ! » Et s'il est vrai qu'une certaine forme de ritualisme tend à devenir prépondérante vers les derniers siècles avant notre ère, elle ne fut jamais exclusive.

La preuve est donnée de façon éclatante par les Upanishads les plus anciennes (à partir du Xe siècle avant Jésus Christ) où la *bhakti* est célébrée comme l'un des moyens privilégiés pour obtenir la délivrance *(moksha),* c'est-à-dire le salut.

Mais c'est évidemment dans la Bhagavad Gîtâ [1] (vers le VIe siècle avant notre ère) que la doctrine de la *bhakti* s'exprime pour la première fois dans toute son ampleur. Il ne s'agit plus là de simples cantiques témoignant d'une dévotion vécue comme c'était le cas avec les hymnes du Rig-Véda, ni de formules rapides (quoique très explicites) dans le style des Upanishads, mais d'un véritable exposé en plus de sept cents strophes groupant chacune quatre vers octosyllabiques, répartis en dix-huit chants.

On y voit Dieu lui-même (en l'occurrence, Vishnu) descendu sur la terre sous la forme d'un homme *(avatâra :* « incarnation ») , le prince Krishna, enseigner à un autre prince, Arjuna, le secret du salut. Ce secret est que l'Absolu, le *brahman,* est en fait une Personne spirituelle *(purusha)* qui n'est autre que Krishna lui-même. Dès lors, il est aisé de comprendre que le plus sûr chemin pour sauver son âme n'est pas de se vouer à la recherche difficile du « non-manifesté », mais de se consacrer à l'adoration perpétuelle du Seigneur :

> *Place en Moi ton esprit*
> *voue-Moi ta dévotion*
> *dédie-Moi tes offrandes*
> *et tu viendras à Moi !*

dit Krishna à Arjuna, ajoutant que c'est là une promesse qu'Il lui fait (et à travers lui à tous les hommes) parce que, explique-t-il, « tu M'es cher ». Ainsi donc, c'est par l'amour partagé (le sens premier de *bhakti* est « partage »), celui que dieu porte aux hommes, celui que les hommes, en retour, lui offrent, que s'opèrent la sauvegarde de l'individu sur cette terre et son salut dans le ciel.

En tant que texte normatif, la Bhagavad Gîtâ admet toutes les nuances de la théologie vishnuïte et toutes les pratiques individuelles (généralement qualifiées de *yoga*) mais sa préférence va à l'action-dans-le-monde à condition que les œuvres soient dédiées au Seigneur. C'est la doctrine célèbre de l'action « désintéressée », c'est-à-dire faite non pour ses objectifs immédiats mais comme service divin *(karma-yoga)*.

Simultanément, d'autres textes, épiques ou purâniques, mettaient en valeur toutes sortes d'attitudes religieuses relevant de la *bhakti*. Un culte du dieu personnel (Vishnu, Râma, Krishna, Shiva, Durgâ, Kâlî et bien d'autres) était progressivement institué, basé sur l'adoration (rite de la *pûjâ*). Les temples, étrangers au brahmanisme ancien, font leur apparition et deviennent, avec les siècles, de vastes monuments où un personnel spécialisé accomplit le service divin au bénéfice des fidèles. Certains, notamment dans le sud et l'est de l'Inde, deviennent de véritables villes tant leurs dimensions sont considérables et leurs plans complexes : ateliers de fabrication de statues, monastères, hôtelleries s'ajoutent à la salle principale du sanctuaire et au grand hall *(mandapa)* où l'on se réunit pour écouter les sermons et chanter en chœur les louanges de la divinité à laquelle l'édifice est dédié.

II

Cette dernière technique dévotionnelle, qui porte en sanskrit le nom de *samkirtâna,* « chant collectif » (que l'on abrège souvent en *kirtân* dans les langues modernes de l'Inde du Nord), a été l'instrument privilégié des maîtres spirituels qui l'ont utilisée pour promouvoir leur enseignement et le faire « vivre » par leurs élèves. On dépasse alors le cadre de l'âshram traditionnel, où seuls quelques disciples se réunissent aux pieds du *guru.* Ici, ce sont de véritables foules qui s'assemblent pour entendre sa parole.

Ce changement de dimension entraîne d'ailleurs une modification de la perspective : la notion de communion *(sayajyâ)* est mise en avant, avec pour corollaire l'idée que le salut de l'âme du dévot passe par sa transformation (progressive ou soudaine) en un être nouveau qui aura désormais « même forme » *(sarûpa)* que le dieu ou la déesse, de telle façon qu'elle puisse L'approcher *(samîpatâ)* après la mort et cohabiter *(salokatâ)* avec Lui (ou Elle) dans Son Paradis.

Parmi les plus importants — et les plus typiques — de ces maîtres *(gurus, âchâryas* ou *swâmins),* il faut

compter un brahmane bengali du XVIe siècle : Vish-
vambhara Mishra Gaurânga (1485-1533), mieux connu
sous le nom, devenu célèbre, de Chaïtanya Mahâ-
prabhû. Quittant très tôt son Bengale natal, le futur
Chaïtanya vint étudier à Purî (Orissa), où se trouve le
grand temple de Jagannâtha, « le Seigneur du Monde ».
D'après la légende dorée de sa vie, il entendait se
consacrer au Védânta mais « fut saisi » par le dieu du
sanctuaire en qui il reconnut Krishna. A la suite de ce
ravissement, Chaïtanya devint un mystique militant et
entreprit de prêcher une forme de *bhakti* extrême.

Selon lui, Krishna est tout amour et ne peut refuser
de sauver qui que ce soit. Il suffit, pour faire son salut,
de rencontrer le dieu, ne serait-ce qu'une seule fois
dans sa vie et sous n'importe quelle forme. Ainsi celui
qui laisse par inadvertance ses yeux se poser sur une
image de Krishna est sauvé, « même, assure-t-on, s'il
ignore qu'il s'agit de Krishna » ! De la même façon,
celui qui entend prononcer le nom du dieu, ou qui le
prononce lui-même, même sans avoir la foi, est assuré
d'aller après sa mort au paradis de Krishna.

Par voie de conséquence, on le devine, l'œuvre pie
par excellence est de montrer à autrui une image du
dieu, ou de faire résonner à son oreille le nom divin.
Prêchant d'exemple, Chaïtanya et ses premiers disciples parcoururent l'est de l'Inde en transportant des
icônes (ou des statues) krishnaïtes et en chantant sans
fin le nom du Seigneur. Bien entendu, une telle doctrine conduit à nier le système des castes, ou du moins à
le dépasser : selon Chaïtanya, tous, en cette fin du cycle
cosmique, ont accès au salut. Ou plus exactement, tous
deviennent des brahmanes lorsqu'ils ont rencontré le
Seigneur.

Très vite, les disciples de Chaïtanya se constituèrent en communauté ; on devrait dire : en Église. Après la mort du fondateur, il fut admis que Chaïtanya était une incarnation *(avatâra)* de Krishna et que ses successeurs à la tête de l'Église participaient, de quelque manière, à la divinité du maître disparu. Cela contribua à renforcer la cohérence de la secte qui, bien organisée par le disciple du maître, Nityânanda, s'est perpétuée jusqu'à nos jours, spécialement au Bengale, en Assam et en Orissa.

En accord avec le désir de Chaïtanya d'évangéliser tous les humains sans distinction de sexe, de caste ou de nationalité, certains maîtres sont venus prêcher en Occident à date récente [2], réussissant à convertir un certain nombre de jeunes gens que l'on rencontre sur les trottoirs des grandes villes d'Amérique et d'Europe. Vêtus à la façon des brahmanes (crâne rasé, sauf une mèche à l'occiput), adeptes de la secte (marques sur le front, vêtement orange), ces fidèles dansent au son de petites cymbales et de tambours en répétant inlassablement le *mantra* « Haré Krishna ! ». Parfois, surtout dans les pays anglo-saxons, ils installent dans la rue de petits autels *(archâ-mûrti)* où figurent les divinités vénérées au temple de Jagannâtha à Purî : Krishna, son frère Bâlarâma et sa compagne Râdhâ.

Ce faisant, ces prosélytes suivent à la lettre les recommandations de Chaïtanya : ils montrent l'image du Seigneur, ils font résonner le nom de Krishna, et tous ceux qui, indifférents ou même hostiles, voient et entendent, sont sauvés *ipso facto*. Il va sans dire que selon le goût indien de la hiérarchie, les élus ne sont pas tous sur le même plan au paradis : sont tout près de Krishna ceux qui l'ont servi avec assiduité (donc les adeptes de la secte), un peu plus loin ceux qui l'ont vénéré avec tiédeur ou distraction, plus loin encore ceux que le Nom *(nâman)* ou l'Image *(archâ)* ont sauvés « malgré eux ».

Le livre sacré de l'Église chaïtanyienne est évidemment le Bhâgavata-Purâna [3] où l'histoire de Krishna est contée tout au long. S'y ajoutent la Bhagavad Gîtâ et les quelques cantiques attribués à Chaïtanya lui-même. Accessoirement, le Gîta-Govinda où sont chantées les amours de Krishna et Râdhâ, ainsi que le Chaïtanya-Charitâmrita qui contient le récit de la vie du fondateur.

III

Ces ouvrages sont bien connus mais il semble que l'on n'ait pas remarqué, en Occident, qu'une Upanishad avait été également composée dans les mêmes milieux et intégrée au canon védique sous le nom de *Kali-Samtarana Upanishad*. Le fait n'a, en lui-même, rien de surprenant car l'hindouisme est une religion vivante où, au moins en théorie, de nouveaux textes sacrés peuvent apparaître. Et c'est ainsi que l'on a une Allah Upanishad, une Râmakrishna Upanishad, et même une Sadvidyâ Upanishad qui n'est autre que la traduction sanskrite d'un poème métaphysique de Râmana Maharshi (1879-1950).

La Kali-Samtarana Upanishad, c'est-à-dire l'Upanishad enseignant « comment traverser *(samtarana)* l'âge *kali* », s'ouvre (str. 1 à 3), selon une habitude fréquente dans ce type de textes, par un dialogue entre le Prophète *(rishi)* Nârada et son père Brahmâ. L'humanité étant parvenue au seuil du quatrième et dernier des quatre âges cosmiques, Nârada, dont le rôle est de parcourir la terre pour enseigner les hommes, demande (str. 2) par quel moyen ceux-ci parviendront à faire leur salut (et Nârada, par la même occasion, le sien propre). L'idée sous-jacente est que les techniques utilisées dans les âges précédents : sacrifices védiques, grande liturgie d'adoration, ascèse, etc., ne sont plus praticables aujourd'hui, sauf peut-être par une petite élite. Il faut donc nécessairement qu'il y ait un moyen simple, une voie « facile » pour gagner le Ciel.

Cette voie existe, assure Brahmâ (str. 5) : elle consiste à « proclamer le nom du Seigneur Nârâyana » *(Nârâyanasya nâma-ucchârana).* De plus, Brahmâ précise (str. 7) que ladite proclamation doit s'opérer de préférence en utilisant un *mantra* où le nom est seize fois répété (str. 8). Grâce à cette formule sacrée *(mantra),* les seize « plis » (ou « voiles ») qui enserrent l'âme sont successivement détruits. Insistant sur l'efficacité parfaite du *mantra,* Brahmâ va jusqu'à dire qu'il n'est pas nécessaire d'observer les règles habituellement requises pour la récitation d'un texte védique : purification préalable, méditation, etc.

Insistons sur le fait que dire qu'« il n'y a pas de règle » *(na... vidhih,* str. 12) et que l'on peut dire le *mantra* sans se préoccuper d'être rituellement purifié *(shuchir ashuchir vâ pathan...,* str. 12) est hautement scandaleux en contexte hindou ! Mais c'est là, pourrait-on dire, que réside l'essentiel du message de Chaïtanya : n'importe qui peut être sauvé, même celui qui « aurait répudié toutes les règles du Dharma » *(sarvadharma... parityâga...,* str. 16) ou aurait commis les pires péchés sa vie durant (str. 14 et 15). En effet, par la seule vertu de la répétition du *mantra,* le dévot est purifié *(pûto bhavati)* et obtient de demeurer à jamais dans cet état *(sadyah shuchitâm âpnuyât,* str. 16).

Reste à signaler une équivoque importante. Elle concerne le *mantra* lui-même où trois noms propres sont répétés, au vocatif : Haré, puis Râma, enfin Krishna. L'interprétation immédiate est qu'il s'agit d'une triple invocation à Vishnu d'abord appelé Hari (« le Blond ») comme dans le Véda, puis salué des noms de ces deux incarnations *(avatâra)* principales : Râma et Krishna.

Cependant, la grammaire sanskrite enseigne que si Haré peut être le vocatif de Hari, il peut également l'être du nom féminin Harâ (« la Ravissante »), lequel fait couramment référence à Râdhâ, la compagne préférée des jeux érotiques *(rasa-lîlâ)* de Krishna. On aurait alors dans ce *mantra* une formule d'adoration de Krishna, de Râdhâ et du frère de Krishna : Balarâma. Cette interprétation a pour elle le fait que la triade vénérée dans le temple de Jagannâtha à Purî est effectivement constituée de trois statues groupant Râdhâ et Balarâma autour de Krishna. Il est donc normal que les disciples de Chaïtanya interprètent le *mantra* qu'ils chantent par référence à la divinité de l'*archâ-mûrti* pour laquelle ils ont une dévotion particulière (en fait exclusive) et dont ils multiplient les copies partout dans le monde.

Le texte de l'Upanishad, cependant, dit expressément (str. 5) que le *mantra* en question n'est autre que le nom même du Seigneur Nârâyana en tant qu'Il est l'Esprit suprême *(bhagavata âdi-purushasya mârâyanasya nâma).* A quoi les fidèles de la secte répondent que Râdhâ et Balarâma sont des « émanations » du Seigneur. Ils se fondent pour avancer cette idée sur des passages de la Bhagavad Gîtâ (tels que 10.37), où Krishna affirme que les meilleurs des hommes, y compris Arjuna avec lequel apparemment il dialogue, ne sont autres que lui-même... Cela permet de maintenir un strict monothéisme : Krishna est le *purushottama*, « la Personne suprême », par-delà les formes innombrables qu'il assume, selon les circonstances.

Kali-Samtarana Upanishad

I

1 *Lorsque s'acheva le troisième*
des quatre Ages Cosmiques,
Nârada, le Prophète,
s'en vint interroger Brahman :

2 *« Hommage à toi, Seigneur !*
Dis-moi comment, moi qui parcours la terre [4]*,*
je pourrai sans dommage
traverser le Kali-Yuga [5] *? »*

II

3 *« Tu as raison, dit le Seigneur,*
de me poser cette question
car c'est mon rôle de garder
l'enseignement sacré [6] *!*

4 *« Je vais te donner le secret*
qui résume tout le Véda ;
grâce à lui tu traverseras
l'océan du Kali-Yuga !

5 « *Car le mal de l'Age de Fer*
est vaincu par le simple fait
de proclamer le Nom du Seigneur dieu [7],
Nârâyana, l'Esprit Suprême! »

III

6 *Alors Nârada insista :*
« Quel est-il, ce Nom Sacré ? »
Le Créateur lui répondit
en récitant le mantra que voici :

7 « *Haré Râma Haré Râma*
Râma Râma Haré Haré
Haré Krishna Haré Krishna
Krishna Krishna Haré Haré.

8 « *Cette formule à seize noms* [8]
détruit le mal de ce Kali-Yuga ;
elle résume le Véda
et permet la libération de l'âme !

IV

9 « *En effet, en la récitant,*
on la délie des seize liens [9]
qui la retiennent prisonnière
en cette condition terrestre.

10 « *Quand ces liens sont tombés,*
   le brahman, auquel elle est identique,
   resplendit comme le Soleil
   lorsqu'il sort des nuages! »

V

11 *Nârada demanda encore :*
   « *Quelle règle, Seigneur,*
   faut-il suivre, au moment
   de réciter cette formule ? »

12 *Et Brahman de répondre :* « *Aucune!*
   Qu'il soit rituellement pur,
   ou qu'il ne le soit pas,
   le dévot qui dira ces Noms

13 « *gagnera le Ciel du Seigneur,*
   cohabitera avec Lui,
   prendra même forme que Lui,
   et s'unira à Lui!

VI

14 « *Si l'on répète ce mantra*
   trente-cinq millions de fois,
   on se libère des péchés
   les plus graves qui soient,

15 *« Tels que de tuer un brahmane,*
de dérober le bien d'autrui,
d'accaparer de l'or
ou de coucher avec une paria!

16 *« Aurait-on même répudié*
toutes les règles du Dharma
que l'on aurait la Pureté
et la Libération! »

Telle est l'Upanishad

Vasudéva Upanishad

Introduction

I

Le mot Vasudéva signifie « dieu *(déva)* des richesses *(vasu)* » ; c'est l'un des noms les plus fréquents de Vishnu, le « dieu bon » (autre sens du mot Vasudéva) par excellence. Cette notion de la propriété de certains « biens » par la divinité est au cœur de l'idée que les hindous se font du monde-d'en-haut. Les hommes, explique-t-on, quoique mieux armés que les animaux, sont, en fait, très démunis par rapport à ce que l'existence recèle de virtualités. Nous ne vivons que cent ans tout au plus, alors que le temps tout entier pourrait nous appartenir ; nous ne jouissons d'un corps intact que l'espace d'un moment, alors que ce corps pourrait être incorruptible et éternellement jeune ; nous avons part à l'intelligence cosmique, mais cette part est minuscule par rapport à la richesse infinie de ladite Intelligence *(buddhi)*. La profusion de ces trésors est telle que les gardiens en sont multiples : c'est là la justification théologique du polythéisme brahmanique. D'autre part, il y a une continuité sans faille entre les formes les plus humbles de la vie et les plus hautes. L'homme est un « parent » des dieux et peut communiquer avec eux, par le rite, la prière.

De là l'idée qu'un partage (en sanskrit : *bhakti*) des trésors de l'univers est possible. Un dieu est, par définition, un *bhagavant,* c'est-à-dire quelqu'un « qui possède *(vant)* une part *(bhaga)* » et qui est prêt à prélever sur elle quelque chose pour ceux qui l'aiment (et qu'Il aime). Ainsi des mots tels que « dévotion » et « seigneur », par quoi on traduit d'ordinaire *bhakti* et *bhagavant,* sont certes adéquats mais ne recouvrent pas exactement la signification complexe de leurs équivalents sanskrits. Quoi qu'il en soit, il faut se souvenir que l'hindou sait parfaitement (il l'apprend par la tradition familiale) ce qu'il peut demander à telle divinité ou à telle autre (et quand le faire, et où, et comment, etc.), sûr qu'il est que, par définition, la divinité à laquelle il s'adresse est riche et généreuse. Il sait aussi qu'il doit payer de retour en « partageant », c'est-à-dire en donnant un peu de son patrimoine tant matériel (de la nourriture, des fleurs…) que spirituel (des prières, des méditations, des pèlerinages…). Ainsi un échange s'opère qui assure une communication permanente entre le monde des hommes et celui des dieux.

Dans une telle perspective, on comprend que le nom de Vasudéva soit l'un des plus beaux qui puissent être donnés à une divinité. Et, de fait, Vishnu-Vasudéva est le dieu majeur de la *bhakti,* celui qui mérite le mieux le titre de *bhagavant,* mot clé de la dévotion hindoue. Bien entendu, la vénération des fidèles s'adresse autant à lui-même, directement, qu'à ses principales incarnations *(avatâra) :* Râma et Krishna (auquel on donne d'ailleurs souvent le nom de Vâsudéva, c'est-à-dire « fils, émanation, incarnation de Vasudéva ». Les divinités féminines ne sont pas non plus oubliées : Lakshmî, déesse de la fortune, compagne de Vishnu ; Sîtâ, qui représente la fonction matrimoniale, épouse de Râma ; et Râdhâ, maîtresse de Krishna, en qui l'on vénère la fonction érotique, ludique, « dionysiaque » de la féminité. Tout cet ensemble se reflète dans une abondante littérature dont les ouvrages les plus célèbres sont le Râmâyana (« la Geste de Râma »), la Bhagavad Gîtâ, où Krishna enseigne le *bhakti-yoga* au prince Arjuna, et aussi le Bhâgavata-Purâna, les Bhakti-Sûtras, tant d'autres encore. Sans oublier, bien entendu, les Upanishads dont un groupe, relativement important, relève de la dévotion vishnuïte (série dite *Vaishnavâ Upanishadah*).

La Vasudéva Upanishad est l'une de celles-ci, parmi les plus caractéristiques de ce type de textes. En effet, la dévotion vishnuïte n'y est pas présentée dans son ensemble, mais seulement dans l'un de ses aspects, et parmi les plus mineurs, au moins en apparence. Or la célébration qu'on en fait permet de rappeler les principes fondamentaux de la *bhakti* et ses fruits eschatologiques : la délivrance *(moksha)*, l'immortalité *(amritatva)*, la cohabitation *(salokatâ)*, au Ciel, avec le Seigneur. Ce que l'on exalte de la sorte c'est le tracé du signe sectaire. Il faut savoir, à cet égard, que les dévots en Inde aiment porter sur leur corps des marques diverses qui sont le symbole de leur appartenance à tel ou tel groupe religieux. Le plus souvent, ces signes sont apposés le matin, au moment où l'on célèbre les rites d'adoration *(pûjâ)* qui inaugurent la journée. On peut également les tracer à l'occasion de fêtes saisonnières ou à des intentions particulières. A l'origine, c'est-à-dire à l'époque védique, on utilisait pour inscrire de telles marques sur le corps les cendres du foyer familial où l'on avait offert l'*agnihotra* du matin, et l'Upanishad s'en souvient puisqu'elle signale (str. 24) que la chose peut être faite encore aujourd'hui, mais curieusement à l'occasion du sacrifice du soir (ce qui est très insolite).

A l'époque classique, l'apposition de ces marques dévotionnelles s'est combinée avec le rite du *nyâsa*. Ce dernier consiste en une série d'attouchements que le fidèle opère sur diverses parties de son corps afin d'y «éveiller» les divinités qui y ont leur demeure : on se touche les oreilles en invoquant la divinité *(dévatâ)* qui a en charge l'énergie *(indriya)* auditive ; de même la bouche, le nez, etc., pour chacun des cinq sens ; puis viennent les bras, les jambes, etc., pour les puissances d'action (faculté de se mouvoir, d'appréhender les objets, etc.). Et ainsi de suite jusqu'à ce que le corps entier soit «consacré». Ces attouchements se font avec les doigts de la main droite, sans qu'il soit nécessaire d'utiliser un onguent quelconque. Mais, bien entendu, on peut le faire, et il existe toutes sortes de baumes préparés à cet effet. On peut aussi utiliser les cendres sacrificielles, et c'est ce que font notamment certains ascètes. Mais la grande majorité des fidèles se contente d'attouchements rapides (et «à sec») opérés au moment où sont récitées les prières du matin et suivis de l'apposition du signe sectaire sur le front à l'aide d'un onguent ad hoc. Les Shivaïtes tracent trois lignes parallèles et horizontales qui barrent largement leur front, cependant que les Vishnuïtes dessinent ce que l'Upanishad nomme *ûrdhva-pundra*.

Il s'agit d'une ligne verticale partant de la racine du nez, entre les deux sourcils, et montant jusqu'en haut du front. De part et d'autre de cette ligne verticale, deux autres lignes forment ensemble une sorte de V dont la pointe se trouve, elle aussi, à la racine du nez et dont les branches se dirigent vers le haut des tempes. Au total donc, c'est une sorte de trident qui est ainsi dessiné et c'est cet ensemble qui porte le nom d'*ûrdhva-pundra*, « marque *(pundra)* verticale *(ûrdhva)* » ; on dit aussi : *ûrdhva-tîlaka* (même sens) et *tri-pundra*, « marque triple ». Bien que, comme on l'a dit, il soit loisible de tracer ce signe à l'aide de cendres prélevées sur le foyer sacrificiel, l'usage courant est de se servir, pour ce faire, d'une préparation spéciale à base de craie et d'argile claire appelée *gopî-chandana*. Ce nom cependant fait problème, parce que *chandana* signifie proprement « santal ». Doit-on supposer que l'on utilisait autrefois des cendres de santal (ce bois odorant est parfois utilisé dans le rituel) ? La chose est possible, encore qu'il soit plus simple de penser que le mot *chandana* est ici utilisé au sens de substance « excellente » (il y a des exemples littéraires d'un tel usage du mot *chandana*). Une autre possibilité encore est celle d'une référence à la couleur claire de l'argile utilisée (racine CHAND, « briller »).

Quant au premier élément, *gopî*, « gardienne *(pî)* de vache *(go)* », il fait référence aux fermières du Vrindavana que Krishna séduisait en jouant de la flûte au clair de lune. Délaissant leur mari, les jeunes femmes se livraient avec le dieu adolescent à toutes sortes de jeux érotiques *(rasa-lîlâ)* ; parmi ceux-ci, le bain en commun suivi d'un massage du corps de Krishna par les *gopîs*, au moyen d'un onguent parfumé au santal. Le mot *gopî-chandana* contient donc une allusion à ce baume et fait référence, explicitement, à la dévotion

des *gopîs*. L'Upanishad le dit dès le début (str. 2) :
« Chaque jour, les gopîs m'en enduisent le corps, et
c'est pourquoi on l'appelle... l'argile des gopîs. »

II

Très classiquement, l'Upanishad s'ouvre (str. 1) par
un dialogue. Le Prophète Nârada, dont le rôle est de
transmettre la Science divine aux mortels, s'adresse au
Seigneur de l'Univers, ici Vishnu-Vasudéva (ailleurs
Brahmâ, le Créateur, père de Nârada). Le sage s'en-
quiert des règles concernant l'*ûrdhva-pundra* et Vishnu
commence par lui indiquer quelle est la substance qu'il
faut employer pour le tracer (str. 2).

Suit une liste des prières à prononcer pendant que
l'on prépare l'onguent en question (str. 3 et 4). Il s'agit
de plusieurs strophes empruntées au Rig-Véda (hymnes
à Vishnu et aux Rivières) suivies de la Vishnu-Gâyatrî,
c'est-à-dire d'un aménagement de la prière solaire (Sâvitrî, Rig-Véda : 3.62.10) de façon à la transformer en
un *mantra* célébrant Vasudéva.

Quelques règles particulières sont communiquées
alors (str. 5 à 7) ; elles concernent les novices (étu-
diants brahmaniques), les maîtres de maison, les gens
qui vivent dans la forêt et, enfin, les ascètes pour
lesquels les règles sont très simplifiées.

Une longue section (str. 8 à 16) concerne le symbolisme de l'*ûrdhva-pundra*. Les trois traits qui le
constituent sont assimilés aux trois mondes, aux trois
Personnes de la *trimûrti* (Brahmâ, Vishnu, Shiva), aux
trois Védas, etc. Mais la méditation s'exerce surtout
sur le trait vertical qui est une image de l'Ame *(âtman)*,

laquelle est souvent comparée dans d'autres Upanishads (et dans les stances citées dans ce texte) à une flamme, unique, qui se dresse, brillante, dans « la caverne du cœur ». Ame qui n'est autre que Vishnu lui-même, selon la doctrine habituelle. Savoir cela, méditer sur cette flamme, en faire mémoire au moment où l'on trace l'*ûrdhva-pundra*, c'est être à jamais délivré des liens du *samsâra*.

Vishnu achève son instruction (str. 17 et 18) par une sorte d'hymne où Il révèle à Nârada qu'Il n'est autre que le *brahman*, « l'Un parmi les multiples ». Caché au cœur de l'univers (et en chacune de ses parties), Il est comme une lumière qui se diffuse, sur laquelle toutes choses reposent. Une telle science, assure-t-on (str. 19 à 22), est « la quintessence » de tout le savoir contenu dans les Védas et les Brâhmanas !

En conclusion, on trouve d'abord (str. 23 et 24) quelques recettes pour remplacer le *gopî-chandana* en cas de besoin. On peut utiliser à cette fin de la terre prélevée à la racine d'un plant de *tulasî* (basilic sacré, herbe vouée à Vishnu) ou des cendres prises au foyer où a été offert l'*agnihotra* du soir. Enfin (str. 25 à 27), on trouve comme à l'ordinaire une célébration des mérites extraordinaires que l'on acquiert à tracer comme il convient l'*ûrdhva-pundra*, pourvu que l'on connaisse la science secrète exposée dans cette Upanishad.

Vasudéva Upanishad

I. Introduction

1 *Om! L'ayant salué avec révérence, Nârada inter-rogea le Seigneur Vasudéva, Régent de l'Univers :*
« Enseigne-moi, Seigneur, la règle concernant le signe ûrdhva-pundra ; *dis-moi quelle substance il faut employer pour le tracer, quelles prières réci-ter, en quel endroit l'inscrire, etc. »*

II. Préparation

2 *Et le Seigneur Vasudéva dit à Nârada :*
*« La substance qu'il faut utiliser pour tracer l'*ûr-dhva-pundra *est le* gopî-chandana : *il provient du Ciel Vaïkuntha* [1] ; *il est cher à mon cœur ; c'est lui que portent mes dévots, brahmanes ou autres ; cha-que jour les gopîs m'en enduisent le corps, et c'est pourquoi on l'appelle aussi "l'argile des gopîs".*
« Cet onguent, sacré pour mon corps, a été déposé dans le Gué du Cercle [2] ; *il est de couleur jaune, on y voit un cercle* [3] ; *il procure la délivrance à qui l'utilise.*

3 « *Et maintenant, voici les prières. Il faut d'abord
saluer avec révérence l'argile sacrée ; puis l'élever
à hauteur du front, en signe d'hommage, en récitant
la stance suivante :*

> « *Hommage à toi,
> argile des gopîs
> qui détruis en nous le péché !
> Née du corps de Vishnu,
> marquée du Cercle,
> délivre ceux qui l'utilisent !*

4 « *Il convient ensuite de prendre dans sa main un peu
d'eau en récitant la stance suivante* [4] *:*

> « *Vous, le Gange et la Yamunâ* [5]*,
> et la Sarasvatî,
> la Shutudrî avec la Parushnî,
> accueillez ce chant de louange !
> et vous, Marudvridhâ,
> Asiknî, Vitastâ, Arjîkîya,
> Sushomâ, écoutez ma prière !*

« *Enfin, on mélange dans le creux de la main l'eau
et la poudre d'argile en récitant la stance que voici
(Rig-Véda : 1.154.1) :*

> « *Je veux maintenant proclamer
> les exploits de Vishnu :
> c'est Lui qui arpenta la Terre
> et étaya le Ciel ;
> en trois pas il parcourut l'espace* [6]*,
> le Dieu à la large enjambée !*

III. *Onction*

« *On applique ensuite le* gopî-chandana *en récitant les trois stances que voici* [7], *suivies de la* Gâyatrî [8] *dédiée à Vishnu ou, si l'on préfère, de la Litanie des Noms du Seigneur* [9] *commençant par le mot* késhava :

(Stances védiques)

« *Puissent les Dieux nous protéger*
depuis ce lieu d'où Vishnu s'élança
pour ses trois enjambées,
depuis la Terre aux sept régions !

« *Vishnu arpenta cette Terre,*
y imprimant trois fois son pied [10] :
tout l'univers est rassemblé
dans ces traces poudreuses !

« *Il a fait les trois pas,*
Vishnu, le Protecteur des vaches !
l'Impétueux a établi
les Lois universelles.

(La Vishnu-Gâyatrî)

« *Offrons nos pensées à Nârâyana,*
nos méditations à Vasudéva !
Veuille Vishnu nous révéler
le Mystère de l'Être !

IV. *Règles particulières*

5 *« Si l'on est étudiant brahmanique, ou si l'on vit retiré dans la forêt, on doit faire des onctions de* gopî-chandana *sur le front* [11], *la gorge, le cœur et les épaules tout en récitant la* Gâyatrî *dédiée à Vishnu ou, si l'on préfère, la Litanie des Noms du Seigneur, commençant par le mot Krishna.*

6 *« Si l'on est maître de maison* [12], *on consacrera l'argile en répétant par trois fois la prière que voici :*

> *« Toi qui tiens dans tes mains*
> *Conque, Disque et Massue ;*
> *Toi qui demeures à Dvârakâ*
> *protège-moi, Berger fidèle*
> *aux yeux de lotus clair !*
> *Je cherche refuge à Tes pieds !*

« et l'on fera des onctions de gopî-chandana *sur douze parties du corps, en commençant par le front, au moyen de l'annulaire. Ce faisant, on récitera la* Gâyatrî *dédiée à Vishnu, ou, si l'on préfère, la Litanie des Noms du Seigneur, commençant par le mot* késhava.

7 *« Quant aux ascètes, ils utiliseront leur index pour oindre de* gopî-chandana *leur crâne, leur front et leur cœur, tout en prononçant la syllabe OM.*

V. *Symbolisme*

8   « *Les trois traits verticaux qui constituent ensemble
le signe* ûrdhva-pundra *représentent symboliquement les trois personnes de la Trimûrti : Brahman,
Vishnu, Shiva ; les trois exclamations liturgiques :
Bhûr, Bhuvah, Svar ; et aussi les trois mètres liturgiques, les trois Védas, les trois accents, les trois
feux, les trois luminaires, les trois moments du
temps, les trois mondes, les trois âmes ; ces trois
traits sont aussi les trois lettres A, U, M, qui,
ensemble, constituent le monosyllabe sacré OM.*

VI. *Méditation*

9   « *Un ascète* parama-hamsa [13] *peut, s'il le désire, se
contenter d'un seul trait vertical qu'il apposera sur
son front en murmurant le monosyllabe sacré OM.*

10   « *Un tel yogin, reconnaissant dans ce trait unique
sa propre âme brillante comme une lampe, méditant
sur cette image et répétant la formule ''je suis
Brahman !'', ce yogin obtiendra à coup sûr de cohabiter avec Moi, dans mon Paradis* [14].

11   « *On peut aussi retrouver cette image dans le trait
vertical que l'on perçoit, par la méditation, au
centre du lotus du cœur* [15], *comme le dit l'Écriture :*

12   « *En son milieu brille la Flamme,
acérée, menue, toute droite,
resplendissant tel un éclair
jaillissant d'un nuage sombre !*

13 « *Pas plus grosse qu'un grain de riz ;*
aussi petite qu'un atome :
en Elle, cependant,
l'Ame suprême a sa demeure !

14 « *Il faut donc contempler l'Ame, telle qu'elle se*
manifeste dans le trait vertical au centre du lotus du
cœur ; ensuite, graduellement, l'adepte reconnaîtra
que cette Ame, la sienne, n'est autre que Moi-
même [16], *le Seigneur Hari !*

15 « *Car celui qui, d'une pensée concentrée en un seul*
point, médite sur Moi-même, Hari l'Immuable, et
réalise ainsi que Je suis son Ame, sise dans le lotus
du cœur, sera à coup sûr délivré des liens de la
transmigration !

16 « *Sera également délivré celui qui, par le moyen de la*
dévotion, reconnaîtra que le Brahman immuable,
exempt de début, de milieu et de fin, Dieu lumineux de
soi-même, Être-Conscience-Béatitude, n'est autre
que Moi !

VII. *Hymne*

17 « *C'est que Je suis Vishnu,*
l'Un parmi les multiples
l'Immobile chez les mobiles [17]
le Haut chez les plus bas !
Tissé à eux, je suis leur Ame.
Je vis au tréfonds de chaque être !

18 « *Car Je suis l'huile*
cachée dans le sésame [18],
la flamme dans les bûches,
la crème dans le lait,
le parfum dans les fleurs :
en tant qu'Ame, Je suis
le meilleur de chaque être !

« *Ce monde-ci,*
cet Univers en mouvement,
que l'on peut voir, entendre aussi,
Je l'ai pénétré tout entier [19] *!*
Je suis Nârâyana,
à la fois intérieur
et extérieur au monde !

« *Car Je suis le brahman suprême,*
unique et sans second,
subtil, sans qualités,
Lumière de l'Esprit,
tissée à l'Univers !

VIII. *La doctrine secrète*

19 « *Il faut considérer que le Seigneur Hari réside dans*
le cœur, ou dans le point sis entre les deux sourcils,
ou dans le trou du brahman, au sommet de là tête ;
si l'on applique le gopî-chandana *en l'un de ces*
trois points, tout en méditant sur le Seigneur, on
atteindra le séjour Suprême [20] *!*

20 « *Quant au yogin qui, le sexe érigé mais faisant remonter en lui-même sa semence, marque son front de l'* ûrdhva-pundra, *il atteindra le séjour d'en haut, s'il possède la science du yoga d'en haut constitué des quatre éléments verticaux* [21].

21 « *Une telle science est parfaitement assurée ; elle naît d'elle-même de l'exercice de la dévotion à mon égard ; c'est pourquoi il faut constamment fixer sa dévotion sur un seul point tout en appliquant le* gopî-chandana.

22 « *Et c'est pourquoi l'on tient que la doctrine secrète concernant l'* ûrdhva-pundra *et les deux éléments constitutifs du* gopî-chandana *est la quintessence de toutes les doctrines contenues dans les Védas et les Brâhmanas.*

IX. *Règles particulières*

23 « *Si l'on ne peut trouver de* gopî-chandana, *on utilisera pour tracer l'* ûrdhva-pundra *un peu de terre prélevée au pied d'un plant de* tulasî [22] : *par ce moyen, celui qui désire la délivrance des liens du* samsâra *obtiendra la vision de son Ame.*

24 « *Si l'on veut tracer l'* ûrdhva-pundra *de nuit, il faut remplacer le* gopî-chandana *par des cendres recueillies dans le foyer où a été offert l'* agnihotra [23] *du soir en récitant les* mantras *appropriés, la Gâyatrî dédiée à Vishnu, et la syllabe* OM.

168

X. *Conclusion*

25 « *Celui qui appliquera sur son front l'*ûrdhva-pundra *selon les règles que Je viens de te communiquer sera à jamais purifié de ses péchés, si grands qu'ils aient pu être, et aucune pensée mauvaise ne naîtra plus en lui.*

26 « *Ce sera, pour lui, comme s'il s'était baigné dans tous les lieux d'ablutions* (tîrthas), *comme s'il avait offert tous les sacrifices; c'est à lui que les dieux offriront la* pûjâ [24] ; *sa dévotion à mon égard se fera constante et ne cessera de croître en intensité.*

27 « *Ainsi obtiendra-t-il la Connaissance parfaite; il cohabitera avec moi dans le Vaïkuntha; et jamais plus ne renaîtra! Non! jamais plus ne renaîtra!* »

Telle est l'Upanishad.

Garuda Upanishad

Introduction

I

Les Upanishads ne contiennent pas seulement des enseignements métaphysiques ou religieux. On y trouve aussi des recommandations concernant la grande liturgie et le rituel domestique, ainsi que de véritables recettes magiques. Il n'y a pas lieu de s'en étonner puisque ces textes font partie intégrante du Véda et que le Véda couvre toute la Science sacrée (c'est là le sens premier du mot sanskrit *véda*). Les techniques du chant liturgique, la géométrie de l'aire sacrificielle, l'architecture de l'autel d'Agni ne sauraient en être absentes, non plus que l'exposé des moyens secrets à employer pour engendrer un fils, gagner l'amour d'une femme ou se préserver des effets du poison.

C'est ainsi que, par exemple, les deux Upanishads majeures que sont la Brihad-Âranyaka et la Chândogya[1] contiennent, toutes deux, des passages à vocation « magique ». Le sixième chapitre de la Brihad explique comment fabriquer une potion magique grâce à laquelle on obtiendra la puissance (6.3. 1 à 13). Plus loin, ce même texte enseigne comment on peut ravir l'esprit d'une femme et gagner ainsi ses faveurs, puis comment un brahmane doit faire l'amour avec son épouse s'il désire engendrer un fils [2] (6.4. 1 à 22). De la même façon, la Chândogya donne, elle aussi, la recette de la potion magique déjà mentionnée (5.2. 1 à 9) et expose longuement (premier et deuxième chapitre) la valeur secrète des mélodies *(sâmans)* utilisées dans la liturgie solennelle.

Il existe enfin un nombre relativement important d'Upanishads qui sont tout entières consacrées à des pratiques de ce genre. Telles, entre autres, la Garbha Upanishad [3] qui développe une embryologie fantastique, la Prânâgnihotra [4] où l'on enseigne comment transformer l'absorption d'un simple repas en un rite permettant de nourrir les divinités qui habitent le corps (et donc de gagner l'immortalité), ou encore la Rasa Upanishad, texte alchimique qui indique comment transformer le plomb en or et préparer un breuvage d'immortalité.

La Garuda Upanishad est l'un de ces textes, parmi les plus typiques. Son seul propos, en effet, est de révéler le charme qui détruit les effets du poison *(visha-vinâshaya :* 2). Comme souvent, l'enseignement est donné par Brahmâ à son fils, le Prophète *(rishi)* Nârada, lequel l'a transmis à divers personnages jusqu'à Bharadvâja [5], l'un des maîtres du Véda. L'Upanishad indique d'abord quel est le *mantra* qu'il faut réciter (2), puis décrit les rites à accomplir : onction rituelle *(nyâsa)* de diverses parties du corps (3), puis salutation aux quatre directions de l'espace (4), enfin méditation sur l'image (mentale) de Garuda (5). Cette méditation se prolonge par une série d'incantations (6 à 10) invitant Garuda à détruire le poison, et par une louange du dieu (11) qui connaît le chemin vers la Lumière céleste.

Suivent alors (12 à 23) les Charmes proprement dits tels que l'on doit les prononcer pour sauver une personne empoisonnée : le travail est effectué par l'énergie divine *(shakti)* de Garuda, aussi efficace que l'arme *(vajra)* d'Indra. Il est indiqué (24) que ces Charmes guérissent en réalité de toutes les formes d'infection, que celle-ci provienne de morsures d'animaux venimeux ou de toute autre blessure, naturelle (morsure de chien, meurtrissure par un instrument contondant) ou surnaturelle (cas de ceux qu'un démon « possède »). En conclusion : nouvelle prière (fin du paragraphe 24), puis indication des bénéfices que l'on retire de la connaissance de cette Upanishad et de l'usage que l'on en fait (25).

II

Tel quel, ce texte ouvre d'intéressants aperçus sur certains aspects peu connus de l'hindouisme. Et d'abord, le dédicataire. Garuda, on le sait, est le « véhicule » *(vahana)* de Vishnu, ce qui conduit à classer cette Upanishad parmi les *vaishnava* (vishnuïtes), encore qu'il n'y soit jamais fait mention du dieu. En théorie, Garuda est un aigle *(shyéna)*, mais il suffit de lire l'Upanishad pour se rendre compte qu'en réalité il s'agit plutôt d'un être mythique : à la fois un oiseau (on parle de ses ailes, de son bec, de ses serres) et une sorte de Titan (on parle de sa forme gigantesque, de ses dents, de ses défenses, de ses bras et même de ses... sabots !). Les images modernes le représentent volontiers comme un homme de haute taille, richement paré, ayant un tête d'oiseau et deux ailes (parfois qua-

175

tre) dans le dos, à la manière des anges de l'iconographie chrétienne. Bien entendu, en tant que «roi des oiseaux» et «ami de Vishnu», il est d'une extrême beauté (ses ailes sont faites de diamant, son corps a la couleur de l'or, son visage est resplendissant, il porte tiare et diadème). Particulièrement bienveillant, on dit qu'il est toujours prêt à voler au secours des dévots.

Par nature, ce rapace est l'ennemi-né des serpents. Mais la chose fait problème dans la mythologie hindoue où ces reptiles sont hautement vénérés. La solution réside dans la distinction faite entre les serpents «ordinaires» appelés *sarpas* et les serpents «mythiques» nommés *nâgas*. Cette distinction n'est pas toujours claire, mais elle correspond à l'idée, typiquement brahmanique, que chaque catégorie d'êtres est régie par une divinité (ou un groupe de divinités) qui ressemble aux êtres en question mais s'en distingue aussi par des caractéristiques proprement divines. Ainsi, de la même façon que Garuda est à la fois un oiseau (ailes, bec) et un dieu à l'allure humaine (dents, bras), les Nâgas — semblables en cela aux sirènes grecques — ont un corps humain prolongé par une queue serpentine, à la place des jambes. C'est ainsi qu'une Nâgî (Nâga femelle) put séduire le prince Arjuna et se faire aimer de lui.

Dès lors, puisqu'ils sont des *dévatâs* (êtres divins), les Nâgas sont accessibles aux prières des humains et, convenablement rendus propices, peuvent s'allier à eux. On dit, par exemple, qu'ils gardent les trésors enfouis et peuvent en désigner l'emplacement à ceux qui ont gagné leur amitié. Inversement, ils attaquent ceux qui leur déplaisent en leur faisant subir les atteintes du poison. Ici, l'Upanishad donne des précisions que l'on trouve rarement ailleurs, du moins de façon aussi explicite. Lorsqu'une personne souffre d'une infection, explique-t-on, c'est qu'elle a été frappée par le « messager » (*dûta, cf.* 12 et suiv.) d'un Nâga. Il y a, corrélativement, l'idée que le Nâga lui-même pourrait éventuellement être responsable de la maladie, mais cela paraît être une clause de style. En effet, les Charmes enseignés par Brahmâ à Nârada tuent le démon (*dushta, cf.* 6), le brûlent, le cuisent, le rôtissent, le réduisent en cendres, etc. Cela serait impensable à l'égard des Nâgas eux-mêmes; ne serait-ce que parce qu'ils sont toujours à l'ouvrage!...

Remarquons encore qu'il semble y avoir un sorte de connivence entre Garuda et les Nâgas puisque la Méditation (*dhyâna,* 5) nous montre le Roi des oiseaux utilisant des Nâgas comme ornements de son corps (bracelets, boucles d'oreilles) et comme serviteurs (deux d'entre eux l'éventent, d'autres veillent à son service). N'oublions pas que Garuda et les Nâgas sont demi-frères puisqu'ils ont Kashyapa pour père commun et pour mères les deux épouses du personnage : Vinatâ (mère de Garuda) et Kadrû (mère des Nâgas). Une légende conte comment Garuda l'emporta sur ses demi-frères et gagna de régner dans les airs cependant qu'ils étaient condamnés à ramper sur la terre et à nicher sous les pierres ou dans les rivières. Depuis lors, les Nâgas-dieux (l'Upanishad donne les noms d'une dizaine d'entre eux) règnent sur toutes les forces mauvaises (*dushta*) dont l'action se traduit chez l'homme par un empoisonnement ou une infection.

Pour combattre, on doit donc à la fois anéantir l'agent pernicieux (d'où les formules où le démon est « brûlé », tué, dissous) et implorer la grâce des Grands

Nâgas (*mahâ-nâga;* d'où, par exemple, la méditation où l'on visualise les Nâgas en association amicale avec Garuda). Sans que cela soit clairement exprimé dans l'Upanishad, il est évident que l'on demande la permission aux Grands Nâgas d'agir contre leurs « messagers » *(dûta),* c'est-à-dire en fait contre tels ou tels membres de leurs troupes *(gana)* [6]. Plus subtilement encore, l'Upanishad suggère que non seulement le combat n'oppose pas Garuda aux Nâgas, mais encore qu'il ne concerne pas directement les « messagers » des Serpents divins. En effet, à bien lire les incantations (18 à 23), on s'aperçoit que c'est une puissance féminine qui œuvre contre le poison (ou l'infection) désigné par un substantif neutre. D'un côté Visha (le poison, *cf. hatam visham nashtam visham,* « le poison a été tué ! le poison a été détruit ! »), de l'autre *visha-nâshinî* (« celle qui détruit le poison »).

Le choix de ce vocabulaire ne peut être fortuit, surtout en contexte rituel. L'idée est que le travail est effectué par l'Énergie divine *(shakti)* de Garuda, captée par les incantations du magicien, lequel agit sur le mal en soi, la « chose » qui suscite la souffrance, le poison. De ce poison, les « messagers » des Nâgas sont soit une personnification (une « incarnation » provisoire), soit des « transporteurs » qui l'ont transporté sur mandat de leurs maîtres. Dans l'un ou l'autre cas, la mythologie (Garuda, les Nâgas, les démons) passe au second plan au profit de la magie proprement dite qui met en jeu des puissances, des forces bénéfiques ou maléfiques.

Dès lors, on ne s'étonnera pas de retrouver cette dualité dans les modalités de l'action, telles que les enseigne l'Upanishad. D'une part, des gestes religieux : prières, consécration du corps, méditation, adoration, action de grâces; de l'autre, l'usage de formules secrètes qui visent à contraindre les puissances divines à agir dans le sens voulu par celui qui les prononce (on doit penser aussi que des diagrammes sont dessinés et des substances utilisées, bien que le texte n'en dise rien). On rejoint là la doctrine ordinaire des Upanishads qui, indépendamment de toute magie, professent que le Verbe (en l'occurrence la Parole védique) est tout-puissant. Or le Verbe, c'est le *brahman* (*shabda-brahman*, «l'Absolu en tant que son»), d'où l'utilisation de ce mot pour désigner une formule rituelle (ici: magique) particulièrement efficace: *hatam brahmana visham*, non pas «le poison a été tué par le brahman (l'Absolu)» mais «par le Charme, par l'incantation, par la formule».

La violence de l'intervention verbale (magique) est encore soulignée par la variante *hatam indrasya vajréna visham*, «le poison a été tué par l'arme d'Indra». Avec, peut-être, une référence clandestine au nom secret du *mantra* (possiblement *vajra-brahman*, «le Charme-Diamant» ou «le Charme-Arme divine», ou encore «le Charme-Foudre»). Ajoutons que, puisque le Charme en question est la Garuda-Gâyatrî (*cf.* 2), il est naturel que l'on y reconnaisse la puissance divine «destructrice du poison» *(visha-nâshinî)*: Gâyatrî, on le sait, est l'un des noms de la déesse.

Garuda Upanishad

1 *Je vais proclamer, maintenant, le Charme sacré de Garuda. Brahman, au commencement, l'a révélé à Nârada; Nârada l'a transmis à Brihatséna; Brihatséna à Indra; Indra à Bharadvâja; Bharadvâja enfin aux novices qui souhaitent survivre.*

2 *Ce Charme a été révélé par Brahman; il a la forme métrique d'une Gâyatrî; son dédicataire est Garuda. On doit l'utiliser pour honorer Garuda, en le récitant rituellement, afin de détruire les effets pernicieux du poison. Voici ce mantra [7]:*

> *tat purushasya vidmahé*
> *suvarna-pakshâya dhîmahi,*
> *tan no Garudah prachodayât.*

« Nous voulons découvrir le Mystère de l'Être Suprême et dédier notre méditation au dieu à l'aile d'or! Ce Mystère, veuille Garuda nous le révéler! »

I. *Onction rituelle*

3 *Om! Hommage au Seigneur!*
  Hommage à mes deux pouces [8] *!*
  Hommage à Garuda!
  Et pour mes deux index : svâhâ!

  Hommage au Seigneur des Oiseaux
  et à mes deux médius : vashat!
  Hommage à l'Ami de Vishnu
  et Hum à mes deux annulaires!

  Hommage au dieu que l'on vénère
  partout dans les trois mondes!
  et Vaushat à mes deux auriculaires!
  Hommage au Seigneur Garuda!

  Hommage au dieu dont la forme terrible
  est celle du Feu de la fin des temps!
  et Phat pour mes deux mains!
  Hommage au Seigneur Garuda!

II. *Hommage aux Orients*

4 *Lorsque l'on a consacré de la sorte*
  différentes parties du corps,
  on lie les régions de l'espace
  en proférant : « Bhûr! Bhuvah! Svar! »

III. *Méditation*

5 *Prenant la posture de yoga dite « du Svastika »,
pliant le pied droit et le pied gauche joignant les
deux mains en un geste d'adoration, on doit méditer
sur Garuda, l'Ami de Vishnu, en le visualisant de la
sorte :*

> *Pour bracelet, à l'aile gauche,
> il a le serpent Ananta ;
> le serpent Vâsuki
> lui sert de cordon rituel ;
> Takshaka lui sert de ceinture
> et Karkota est son collier.*

> *A son oreille droite il a Padma,
> le serpent pour boucle d'oreille ;
> Mahâpadma à son oreille gauche ;
> Shankha orne son front,
> et le serpent Gulika sa poitrine.*

> *Les deux serpents Paundra et Kâlika
> éventent Garuda, le dieu joyeux ;
> autour de lui d'autres serpents,
> parmi lesquels Elâ et Putraka,
> avec respect veillent à son service.*

> *Ses yeux sont rouges,
> et son corps couleur d'or ;
> ses bras sont longs,
> et larges ses épaules ;
> son corps se pare de serpents.*

Il est doré jusqu'aux genoux,
blanc comme neige jusqu'aux hanches,
couleur safran jusqu'à la nuque
et son visage resplendit
de l'éclat de cent lunes!

Sa bouche est noire, et tel son bec
que traverse un anneau précieux;
il a deux crocs aigus,
et sur sa tête on voit briller
une couronne et un diadème.

Ainsi est-il, dans son ensemble,
couleur safran; mais son visage
est blanc comme la lune et le jasmin.
Hommage à Celui qui porte Vishnu!
Garde-moi, Garuda! Protège-moi!

Ainsi doit-on mentalement visualiser Garuda, lors-
que l'on médite sur Lui. Une telle méditation a le
pouvoir de détruire les effets terribles du poison,
aussi vite que le feu brûle une touffe de coton!

IV. *Incantations*

6 *Om! Im! Om! Hommage au Seigneur! Hommage à*
Garuda! Hommage à Celui qui règne sur les oi-
seaux!
A celui qui chérit Vishnu! à Celui que tous les êtres
vénèrent dans les Trois Mondes!
Hommage à Celui dont la forme terrible est celle du

Feu de la fin des temps! A Celui dont les griffes, le bec, les dents, les crocs et la queue sont faits de diamant! A Celui dont les ailes sont de diamant! Om! Im! Om! Viens! Viens à nous! Viens ici, Garuda! Entre, dieu sans rival! Entre dans le corps de ce malade! Corromps! corromps le poison craché par ces démons corrompus!

Détruis! détruis le poison craché par ces démons impurs! Enlève! Enlève le poison craché par ces démons déjà dissous grâce à ce Charme!

Tue, Garuda, toutes les sortes de poison! Frappe le démon! brûle-le! cuis-le! rôtis-le! réduis-le en cendres! Hum! Phat! Svâhâ!

7 *Emporte au loin ce poison, toi, Garuda qui ressembles à la Lune! toi qui tiens à la main le disque du Soleil, toi qui as fait de la Terre une bague à ton doigt, emporte au loin ce poison! emporte-le! Hum! Phat! Svâhâ!*

8 *Om! Arrache-le! Arrache-le du corps de ce malade! Arrache-le! Svâhâ!*

9 *Om! Im! Il bouge! Il bouge! ton Énergie divine va faire cette œuvre pie! Elle va le faire pour moi! Elle qui a la forme de tous les poisons, Elle va corrompre le poison! Elle va l'assécher! le détruire! Elle va emporter au loin le poison!*

Le poison a été tué! il a été détruit dans le corps de ce malade! il a été dissous! exterminé! Oui, le poison a été mis à mort par ton Charme, Garuda! il a été frappé par l'arme d'Indra! Svâhâ!

10 *Om! Hommage au Seigneur! Hommage à Garuda!*
Vishnu voyage sur son dos! On le vénère dans les
Trois Mondes! Ses griffes et son bec sont faits de
diamant, et son corps est paré de deux ailes de
diamant!
Viens ici! Viens à nous, Garuda! Tranche les liens
du poison! Tranche-les, Seigneur! Fais ici ta de-
meure! Hum! Phat! Svâhâ!

V. *Louange*

11 *Tu es l'Aigle Garutmant* [9] *! la cantate Trivit est ta*
tête; le mètre Gâyatrî est ton œil; le Chant sacré est
ta poitrine; la mélodie liturgique Vâmadéya est ton
abdomen; les deux mélodies liturgiques Brihat et
Rathamtara sont tes deux ailes; l'hymne Yajnâya-
jniya est ta queue; les poésies sacrées sont tes
membres; les huits emplacements sacrificiels sont
tes huit griffes; la formule rituelle est ton Nom! Toi,
l'Aigle Garutmant, envole-toi vers la Lumière cé-
leste!

VI. *Les douze Charmes*

12 *Au commencement, Brahman le Créateur prononça*
ces douze Charmes curatifs lors des premiers sacri-
fices célébrés aux jours de la Nouvelle et de la
Pleine Lune :

186

A

Om! Im! Il bouge! Il bouge! Ton Énergie divine,
Garuda, va faire cette œuvre pie! Elle va le faire
pour moi! Elle qui a la forme de tous les poisons,
Elle va corrompre le poison! Elle va l'assécher! le
détruire! Elle va emporter au loin le Poison!
Le poison a été tué! Il a été détruit dans le corps de
ce malade! Il a été dissous! exterminé! Oui, le
poison a été mis à mort par ton Charme, Garuda! Il
a été frappé par l'arme d'Indra! Svâhâ!

B

13 *Que tu ne sois que l'assistant du serpent Ananta,*
Démon! ou que tu sois Ananta lui-même, je dis ce
Charme contre toi :
Om! Im! Il bouge! Il bouge! Ton Énergie divine,
Garuda, va faire cette œuvre pie! Elle va le faire
pour moi! Elle qui a la forme de tous les poisons,
Elle va corrompre le poison! Elle va l'assécher! le
détruire! Elle va emporter au loin le poison!
Le poison a été tué! Il a été détruit dans le corps de
ce malade! Il a été dissous! exterminé! Oui, le
poison a été mis à mort par ton Charme, Garuda! Il
a été frappé par l'arme d'Indra! Svâhâ!

C

14 *Que tu ne sois que l'assistant du serpent Vâsuki,*
Démon! ou que tu sois Vâsuki lui-même, je dis ce
Charme contre toi :

*Om! Im! Il bouge! Il bouge! Ton Énergie divine,
Garuda, va faire cette œuvre pie! Elle va le faire
pour moi! Elle qui a la forme de tous les poisons,
Elle va corrompre le poison! Elle va l'assécher! le
détruire! Elle va emporter au loin le poison!
Le poison a été tué! Il a été détruit dans le corps de
ce malade! Il a été dissous! exterminé! Oui, le
poison a été mis à mort par ton Charme, Garuda! Il
a été frappé par l'arme d'Indra! Svâhâ!*

D

15 *Que tu ne sois que l'assistant du serpent Tatshaka,
Démon! ou que tu sois Tatshaka lui-même, je dis ce
Charme contre toi:
Om! Im! Il bouge! Il bouge! Ton Énergie divine,
Garuda, va faire cette œuvre pie! Elle va le faire
pour moi! Elle qui a la forme de tous les poisons,
Elle va corrompre le poison! Elle va l'assécher! le
détruire! Elle va emporter au loin le poison!
Le poison a été tué! Il a été détruit dans le corps de
ce malade! Il a été dissous! exterminé! Oui, le
poison a été mis à mort par ton Charme, Garuda! Il
a été frappé par l'arme d'Indra! Svâhâ!*

E

16 *Que tu ne sois que l'assistant du serpent Karkota,
Démon! ou que tu sois Karkota lui-même, je dis ce
Charme contre toi:
Om! Im! Il bouge! Il bouge! Ton Énergie divine,*

Garuda, va faire cette œuvre pie! Elle va le faire pour moi! Elle qui a la forme de tous les poisons, Elle va corrompre le poison! Elle va l'assécher! le détruire! Elle va emporter au loin le poison!

Le poison a été tué! Il a été détruit dans le corps de ce malade! Il a été dissous! exterminé! Oui, le poison a été mis à mort par ton Charme, Garuda! Il a été frappé par l'arme d'Indra! Svâhâ!

F

17 *Que tu ne sois que l'assistant du serpent Padma, Démon! ou que tu sois Padma lui-même, je dis ce Charme contre toi:*

Om! Im! Il bouge! Il bouge! Ton Énergie divine, Garuda, va faire cette œuvre pie! Elle va le faire pour moi! Elle qui a la forme de tous les poisons, Elle va corrompre le poison! Elle va l'assécher! le détruire! Elle va emporter au loin le poison!

Le poison a été tué! Il a été détruit dans le corps de ce malade! Il a été dissous! exterminé! Oui, le poison a été mis à mort par ton Charme, Garuda! Il a été frappé par l'arme d'Indra! Svâhâ!

G

18 *Que tu ne sois que l'assistant du serpent Mahâpadma, Démon! ou que tu sois Mahâpadma lui-même, je dis ce Charme contre toi:*

Om! Im! Il bouge! Il bouge! Ton Énergie divine, Garuda, va faire cette œuvre pie! Elle va le faire

pour moi! Elle qui a la forme de tous les poisons,
Elle va corrompre le poison! Elle va l'assécher! le
détruire! Elle va emporter au loin le poison!
Le poison a été tué! Il a été détruit dans le corps de
ce malade! Il a été dissous! exterminé! Oui, le
poison a été mis à mort par ton Charme, Garuda! Il
a été frappé par l'arme d'Indra! Svâhâ!

H

19 *Que tu ne sois que l'assistant du serpent Shankha,*
Démon! ou que tu sois Shankha lui-même, je dis ce
Charme contre toi:
Om! Im! Il bouge! Il bouge! Ton Énergie divine,
Garuda, va faire cette œuvre pie! Elle va le faire
pour moi! Elle qui a la forme de tous les poisons,
Elle va corrompre le poison! Elle va l'assécher! le
détruire! Elle va emporter au loin le poison!
Le poison a été tué! Il a été détruit dans le corps de
ce malade! Il a été dissous! exterminé! Oui, le
poison a été mis à mort par ton Charme, Garuda! Il
a été frappé par l'arme d'Indra! Svâhâ!

I

20 *Que tu ne sois que l'assistant du serpent Gulika,*
Démon! ou que tu sois Gulika lui-même, je dis ce
Charme contre toi:
Om! Im! Il bouge! Il bouge! Ton Énergie divine,
Garuda, va faire cette œuvre pie! Elle va le faire
pour moi! Elle qui a la forme de tous les poisons,

*Elle va corrompre le poison! Elle va l'assécher! le
détruire! Elle va emporter au loin le poison!
Le poison a été tué! Il a été détruit dans le corps de
ce malade! Il a été dissous! exterminé! Oui, le
poison a été mis à mort par ton Charme, Garuda! Il
a été frappé par l'arme d'Indra! Svâhâ!*

J

21 *Que tu ne sois que l'assistant des deux serpents
Paundra et Kâlika, Démon! ou que tu sois Pundra
et Kâlika eux-mêmes, je dis ce Charme contre toi :
Om! Im! Il bouge! Il bouge! Ton Énergie divine,
Garuda, va faire cette œuvre pie! Elle va le faire
pour moi! Elle qui a la forme de tous les poisons,
Elle va corrompre le poison! Elle va l'assécher! le
détruire! Elle va emporter au loin le poison!
Le poison a été tué! Il a été détruit dans le corps de
ce malade! Il a été dissous! exterminé! Oui, le
poison a été mis à mort par ton Charme, Garuda! Il
a été frappé par l'arme d'Indra! Svâhâ!*

K

22 *Que tu ne sois que l'assistant du serpent Nâgaka,
Démon! ou que tu sois Nâgaka lui-même, je dis ce
Charme contre toi :
Om! Im! Il bouge! Il bouge! Ton énergie divine,
Garuda, va faire cette œuvre pie! Elle va le faire
pour moi! Elle qui a la forme de tous les poisons,*

elle va corrompre le poison! Elle va l'assécher! le détruire! Elle va emporter au loin le poison!
Le poison a été tué! Il a été détruit dans le corps de ce malade! Il a été dissous! exterminé! Oui, le poison a été mis à mort par ton Charme, Garuda! Il a été frappé par l'arme d'Indra! Svâha!

L

23 *Que tu ne sois que l'assistant de tous ces êtres vénimeux : araignées, scorpions, serpents, insectes de toutes sortes, Démon! ou que tu sois la puissance qui anime les plantes vénéneuses et les animaux venimeux, je dis ce Charme contre toi :*
Om! Im! Il bouge! Il bouge! Ton Énergie divine, Garuda, va faire cette œuvre pie! Elle va le faire pour moi! Elle qui a la forme de tous les poisons, Elle va corrompre le poison! Elle va l'assécher! le détruire! Elle va emporter au loin le poison!
Le poison a été tué! Il a été détruit dans le corps de ce malade! Il a été dissous! exterminé! Oui, le poison a été mis à mort par ton Charme, Garuda! Il a été frappé par l'arme d'Indra! Svâhâ!

VII

24 *Ces Charmes guérissent des maux causés par les serpents Ananta, Vâsuki, Takshara, Karkota, Padma, Mahâpadma, Shankha, Gulika, Paundra et Kâlika, Nâgaka; ils guérissent les maux causés par*

les becs, les dents, les crocs, les membres et les queues de ces animaux vénimeux.

Ils guérissent les maux causés par les scorpions, les araignées, les insectes, les rats, les mouches, les lézards, les cafards [10] *;*

les maux causés par les animaux venimeux qui vivent dans les maisons, les grottes, les cendres, les termitières, les prairies, les bosquets ;

les maux causés par les insectes venimeux cachés dans les trous d'arbre, les souches, le bois, les fruits, les fleurs, les feuilles, la sève, l'écorce, les racines ;

les maux causés par les morsures des ours, des tigres, des chacals, des chats sauvages, des chiens, des vers ; et en général de tous les animaux ovipares ou vivipares ; et de tout ce qui naît de semence ou de sueur.

Ils guérissent aussi les blessures causées par coupure, déchirure, égratignure, que ce soit par l'épée, la flèche, ou tout autre moyen.

Ils guérissent enfin des maux causés par les vampires, les démons et tous les êtres surnaturels, tels que : Yakshas, Râkshasas, Prétas, Pishâchas, Kushmândas, Vetâlas, et Bhûtas ; ils guérissent de tous les maux causés par les becs, les crocs, les membres et les queues de ces démons.

VIII. *Prière*

Toi qui as la forme de tous les poisons, Énergie divine, tu détruiras le poison! Tu l'emporteras au loin!

193

*Par toi le poison a été tué! détruit! Tu l'as dissous
dans le corps de ce malade! Tu l'as exterminé!
Oui, le poison a été mis à mort par ton Charme,
Garuda! Il a été frappé par l'arme d'Indra! Svâhâ!*

IX. *Conclusion*

25 *Qui prononcera ces incantations durant la Nuit-de-
Nouvelle Lune, ou qui les entendra prononcer, ne
sera jamais attaqué par les serpents venimeux.
Qui engagera huit brahmanes pour leur faire réciter cette Garuda Upanishad sera guéri des effets de
tout poison, grâce à une simple poignée d'her-
bes* [11].

*Qui engagera cent brahmanes pour leur faire réci-
ter cette Garuda Upanishad sera guéri des effets de
tout poison, par un simple regard jeté sur la blessure.*

*Qui engagera mille brahmanes pour leur faire ré-
citer cette Garuda Upanishad sera guéri des effets
de tout poison, par un simple effort mental.*

*Contre de tels fidèles, les Démons-serpents ne lâ-
cheront pas les bêtes venimeuses qui vivent dans
l'eau, ni celles qui vivent dans l'herbe, ni celles qui
vivent dans les bois!*

Ainsi parla le Seigneur Brahman.

Telle est l'Upanishad.

Appendice

Victor Hugo et la Kéna Upanishad

Fasciné par l'Orient durant toute sa vie, Victor Hugo eut toujours cependant une sorte de pudeur devant l'Inde. Elle l'impressionnait par sa complexité et par la majesté de son édifice culturel. On regrettera qu'il ne l'ait pas mieux connue car, si tel avait été le cas, il ne fait pas de doute qu'il aurait été séduit par le fourmillement de ses dieux sur les murs des grands sanctuaires, par le foisonnement des mythes, le pittoresque des légendes, la noblesse des sentiments dans l'épopée. Il nous reste un texte pour alimenter notre regret : c'est, dans *la Légende des siècles,* le poème intitulé «Suprématie», où la Kéna Upanishad se trouve reprise, amplifiée, enrichie par le génie visionnaire du grand romantique.

Le texte qu'utilisa Victor Hugo diffère légèrement de celui qui est donné ici-même, page 31. Ainsi l'ordre d'entrée en scène des dieux est modifié : Vâyu passe avant Agni, ce qui, du point de vue hindou, est choquant, car Agni est le dieu des commencements. Plus grave est la modification (involontaire, il va sans dire) de la fin. Dans l'Upanishad, le *brahman* s'écarte *(tiro-dadhé)* d'Indra pour ne pas être reconnu par lui. Ce qui est une manière de dire qu'effectivement le roi des dieux «voit tout» et que, si le *brahman* se retire, c'est pour ne pas priver le dieu de son prestige. Ce faisant, il cède devant Indra alors qu'il était resté immobile, impassible, devant les assauts dérisoires du Feu et du Vent. De plus, l'Upanishad explique qu'Indra reçoit l'enseignement de la déesse Umâ et donc sait ce qu'est le *brahman* et peut l'expliquer par la suite à Agni et Vâyu.

Dans Hugo, la leçon du mythe est profondément modifiée puisqu'il est dit d'abord qu'Indra triomphe puisqu'il « voit » le brin de paille que Vâyu n'avait pu emporter, ni Agni brûler, mais que son triomphe est dérisoire puisqu'il défie le *brahman* (« tu ne peux disparaître ») et perd ce défi.

Malgré cette divergence, le poème de Hugo garde sa valeur, car la signification profonde du mythe védique (l'absolue suprématie du *brahman* sur tout ce qui existe, y compris les dieux) est exactement conservée et exprimée en termes magnifiques. Il eût été dommage de ne pas rappeler au lecteur ce signe de l'influence de la pensée indienne sur notre littérature.

Suprématie

Lorsque les trois grands dieux eurent dans un cachot
Mis les démons, chassé les monstres de là-haut,
Oté sa griffe à l'hydre, au noir dragon son aile,
Et sur ce tas hurlant fermé l'ombre éternelle,
Laissant grincer l'enfer, ce sépulcre vivant,
Ils vinrent tous les trois, Vâyou le dieu du Vent,
Agni, dieu de la Flamme, Indra, dieu de l'Espace,
S'asseoir sur le zénith, qu'aucun mont ne dépasse,
Et se dirent, ayant dans le ciel radieux
Chacun un astre au front : « nous sommes les seuls

[dieux ! »

Tout à coup devant eux surgit dans l'ombre obscure
Une lumière ayant les yeux d'une figure.

Ce que cette lumière était, rien ne saurait
Le dire, et, comme brille au fond d'une forêt
Un long rayon de lune en une route étroite,
Elle resplendissait, se tenant toute droite.
Ainsi se dresse un phare au sommet d'un récif.
C'était un flamboiement immobile, pensif,
Debout.

Et les trois dieux s'étonnèrent.

                              Ils dirent :

« Qu'est ceci ? »

                 Tout se tut et les cieux attendirent.

« Dieu Vâyou, dit Agni, dieu Vâyou, dit Indra,
Parle à cette lumière. Elle te répondra.
Crois-tu que tu pourrais savoir ce qu'elle est ?

                                        — Certes,
Dit Vâyou. Je le puis. »

                      Les profondeurs désertes
Songeaient ; tout fuyait, l'aigle ainsi que l'alcyon.
Alors Vâyou marcha droit à la vision.
« Qu'es-tu ? » cria Vâyou, le dieu fort et suprême.
Et l'apparition lui dit : « Qu'es-tu toi-même ? »
Et Vâyou dit : « Je suis Vâyou, le dieu du Vent.

— Et qu'est-ce que tu peux ?

                      — Je peux, en me levant,
Tout déplacer, chasser les flots, courber les chênes,
Arracher tous les gonds, rompre toutes les chaînes,
Et si je le voulais, d'un souffle, moi Vâyou,
Plus aisément qu'au fleuve on ne jette un caillou
Ou que d'une araignée on ne crève les toiles,
J'emporterais la terre à travers les étoiles. »

L'apparition prit un brin de paille et dit :
« Emporte ceci. »

SUPRÉMATIE

Puis, avant qu'il répondît,
Elle posa devant le dieu le brin de paille.

Alors, avec des yeux d'orage et de bataille,
Le dieu Vâyou se mit à grandir jusqu'au ciel,
Il troua l'effrayant plafond torrentiel,
Il ne fut plus qu'un monstre ayant partout des bouches,
Pâle, il démusela les ouragans farouches
Et mit en liberté l'âpre meute des airs ;
On entendit mugir le simoun des déserts
Et l'aquilon qui peut, par-dessus les épaules
Des montagnes, pousser l'océan jusqu'aux pôles ;
Vâyou, géant des vents, immense, au-dessus d'eux
Plana, gronda, frémit et rugit, et, hideux,
Remua les profonds tonnerres de l'abîme ;
Tout l'univers trembla de la base à la cime
Comme un toit où quelqu'un d'affreux marche à grands
[pas.

Le brin de paille aux pieds du dieu ne bougea pas.

Le dieu s'en retourna.

« Dieu du vent, notre frère,
Parle, as-tu pu savoir ce qu'est cette lumière ? »

Et Vâyou répondit aux deux autres dieux : « Non !

— Agni, dit Indra ; frère Agni, mon compagnon,
Dit Vâyou, pourrais-tu le savoir, toi ?

— Sans doute »,
Dit Agni.

201

Le dieu rouge, Agni, que l'eau redoute,
Et devant qui médite à genoux le Bouddha,
Alla vers la clarté sereine et demanda :
« Qu'es-tu clarté ?

                 — Qu'es-tu toi-même ? lui dit-elle.

— Le dieu du Feu.

                 — Quelle est ta puissance ?

                         — Elle est telle
Que, si je veux, je puis brûler le ciel noirci,
Les mondes, les soleils, et tout.

                     — Brûle ceci »,
Dit la clarté, montrant au dieu le brin de paille.

Alors, comme un bélier défonce une muraille,
Agni, frappant du pied, fit jaillir de partout
La flamme formidable, et, fauve, ardent, debout,
Crachant des jets de lave entre ses dents de braise,
Fit sur l'humble fétu crouler une fournaise ;
Un soufflement de forge emplit le firmament ;
Et le jour s'éclipsa dans un vomissement
D'étincelles, mêlé de tant de nuit et d'ombre
Qu'une moitié du ciel en resta longtemps sombre ;
Ainsi bout le Vésuve, ainsi flambe l'Hékla ;
Lorsqu'enfin la vapeur énorme s'envola,
Quand le dieu rouge Agni, dont l'incendie est l'âme,
Eut éteint ce tumulte effroyable de flamme
Où grondait on ne sait quel monstrueux soufflet,
Il vit le brin de paille à ses pieds, qui semblait
N'avoir pas même été touché par la fumée.

Le dieu s'en revint.

                          « Dieu du feu, force enflammée,
Quelle est cette lumière enfin ? Sais-tu son nom ? »
Dirent les autres dieux.

                         Agni répondit : « Non.

— Indra, dit Vâyou ; frère Indra, dit Agni, sage !
Roi ! dieu ! qui, sans passer, de tout vois le passage,
Peux-tu savoir, ô toi dont rien ne se perdra,
Ce qu'est cette clarté qui nous regarde ? »

                                        Indra
Répondit : « Oui. »

                    Toujours droite, la clarté pure
Brillait, et le dieu vint lui parler.
                                    « O figure,
Qu'es-tu ? » dit Indra, d'ombre et d'étoiles vêtu.
Et l'apparition dit : « Toi-même, qu'es-tu ? »
Indra lui dit : « Je suis Indra, dieu de l'Espace.
— Et quel est ton pouvoir, dieu ?

                              — Sur sa carapace
La divine tortue, aux yeux toujours ouverts,
Porte l'éléphant blanc qui porte l'univers.
Autour de l'univers est l'infini. Ce gouffre
Contient tout ce qui vit, naît, meurt, existe, souffre,
Règne, passe ou demeure, au sommet, au milieu,
En haut, en bas, et c'est l'espace, et j'en suis dieu.
Sous moi la vie obscure ouvre tous ses registres ;
Je suis le grand voyant des profondeurs sinistres ;

APPENDICE

Ni dans les bleus édens, ni dans l'enfer hagard,
Rien ne m'échappe, et rien n'est hors de mon regard ;
Si quelque être pour moi cessait d'être visible,
C'est lui qui serait dieu, pas nous ; c'est impossible.
Étant l'énormité, je vois l'immensité ;
Je vois toute la nuit et toute la clarté ;
Je vois le dernier lieu, je vois le dernier nombre,
Et ma prunelle atteint l'extrémité de l'ombre ;
Je suis le regardeur infini. Dans ma main
J'ai tout, le temps, l'esprit, hier, aujourd'hui, demain.
Je vois les trous de taupe et les gouffres d'aurore,
Tout ! et, là même où rien n'est plus, je vois encore.
Depuis l'azur sans borne où les cieux sur les cieux
Tournent comme un rouage aux flamboyants essieux,
Jusqu'au néant des morts auquel le ver travaille,
Je sais tout ! Je vois tout !

        — Vois-tu ce brin de paille ? »
Dit l'étrange clarté d'où sortait une voix.
Indra baissa la tête et cria : « Je le vois.
Lumière, je te dis que j'embrasse tout l'être ;
Toi-même, entends-tu bien, tu ne peux disparaître
De mon regard, jamais éclipsé ni décru ! »

A peine eut-il parlé qu'elle avait disparu.

VICTOR HUGO
8 avril 1870

Glossaire

Nota : Le genre des mots sanskrits est indiqué après leur transcription (f : féminin ; m : masculin ; nt : neutre). Ce glossaire rassemble les mots clés pour la compréhension du texte. Les termes techniques et ceux qui n'apparaissent qu'une fois dans le livre sont expliqués à leur place dans le volume. On trouvera notamment page 87 l'explication de quelques noms désignant les renonçants alors que seul *sadhu* figure ici.

advaïta (nt) : « non-duel » ; terme technique désignant l'ultime réalité (le *brahman*) en tant qu' « unique », « sans second ».

Agni (m) : « feu » ; nom d'un dieu védique en qui se manifeste la force ignée (feu, lumière, chaleur).

agnihotra (nt) : sacrifice *(hotra)* quotidien dédié au dieu du foyer domestique (Agni).

âkasha (m) : à la fois « espace » et « éther »(compris comme la substance dont est fait l'espace).

Arjuna : nom de l'interlocuteur de Krishna dans la Bhagavad Gîtâ.

âsana (m) : « posture » ; attitude corporelle utilisée pour la méditation.

âshram (m) (sanskrit : *âshrama*, effort) : groupement de disciples autour de leur maître spirituel *(guru)*.

âtman (m) : « âme », principe éternel ; identique à l'Absolu *(brahman)* présent à l'intime de chaque être vivant. Le mot est parfois traduit par « soi ».

avatâra (m) : « descente » ; incarnation de Vishnu en un être vivant chargé de sauver le Dharma lorsqu'un démon le met en danger (les deux plus importants *avatâra* de Vishnu sont Râma et Krishna).

avidyâ (f) : « non-savoir » ; terme technique désignant l'ignorance spirituelle (la « Nuit Obscure » des mystiques).

Balarâma : nom du frère cadet de Krishna.

Bhagavad Gîtâ (f) : « poème célébrant le Seigneur » ; on y voit Krishna se révélant comme Vishnu descendu sur la terre, enseigner le Yoga au prince Arjuna.

bhâkta (m) : « dévot » (adepte du *bhakti-yoga*).

bhakti-yoga (m) : méthode de salut *(yoga)* utilisant la dévotion *(bhakti)* ; c'est le Yoga que prêche Krishna dans la Bhagavad Gîtâ.

Brahmâ (m) : nom donné au dieu créateur en tant qu'il est la première hypostase du *brahman,* au début du cycle.

brahman (nt) : « l'Absolu », le Principe unique de toutes choses, l'Essence transcendant toutes les formes d'existence ; il est identique à l'*âtman*.

brahmane : nom donné aux membres de la caste supérieure, parce qu'ils sont, dans l'espèce humaine, les plus proches du *brahman*.

buddhi (f) : « intelligence » ; forme supérieure du composé humain. Sa fonction principale est de réfléchir sur l'esprit *(manas),* la lumière qui émane de l'*âtman*.

chakra (m) : « roue, cercle » ; nom donné aux centres du corps subtil, aussi appelés *padma* (lotus).

darshana (nt) : « point de vue », façon de voir ; nom générique de chacune des grandes écoles de l'hindouisme traditionnel (Yoga, Védânta, etc.).

dharma (m) : désigne l' « Ordre du monde » en chacune de ses manifestations (cosmique, sociale, religieuse, etc.) ; ensemble des lois traditionnelles de l'hindouisme classique.

dhyâna (nt) : « méditation », septième degré du yoga ; son objet est d'amener l'adepte à « voir » l'*âtman* (et d'obtenir, par là, le *samâdhi,* ultime étape avant la libération).

Durgâ (f) : l'un des noms de la déesse.

gana (m) : « troupe » de dieux secondaires accompagnant un dieu majeur.

Garuda (m) : aigle sacré, « véhicule » du dieu Vishnu.

gopî (f) : « bouvière » ; nom donné aux fermières séduites par Krishna.

guna (m) : « qualité, attribut » ; désigne les trois modes d'existence de la nature qui, selon leur position par rapport à l'Absolu, se hiérarchisent en *tamas* (ténèbres), *rajas* (dynamique), *sattva* (conformité à l'Être).

guru (m) : « pesant, important » ; nom que les disciples donnent au *sadhu* lorsqu'il consent à enseigner.

hamsa (m) : « l'Oiseau migrateur », symbole de l'âme condamnée à transmigrer de corps en corps jusqu'à la fin du cycle cosmique.

indriya (nt) : « de la nature d'Indra » (roi de la création) ; désigne, dans le composé humain, les organes des sens, les facultés sensibles, les fonctions motrices.

japa (m) : « répétition » ; exercice dévotionnel consistant à répéter indéfiniment un *mantra* ou le nom d'une divinité ; dans le *bhakti-yoga*, technique de dissolution de la pensée.

jîva (m) : « vivant » ; abréviation de *jiva-âtman* (âme vivante) qui désigne l'âme incarnée.

jnâna-yoga (m) : méthode de salut *(yoga)* utilisant principalement la connaissance *(jnâna)*.

kaïvalya (nt) : « isolement » ; état dans lequel se trouve l'individu lorsque tout son être s'est résorbé dans l'*âtman-brahman*, principe unique de toutes choses.

Kâlî (f) : l'un des noms de la déesse.

kaliyuga (m) : quatrième et dernier moment du devenir cosmique ; âge de fer, période précédant immédiatement la dissolution de l'univers.

kâma (m) : « amour, désir » ; moteur premier de l'existence ; le Yoga se propose de l'éliminer pour que l'*âtman* puisse faire retour à l'essence unique.

karman (nt) : « acte, œuvre, action » ; selon l'hindouisme, chaque geste accompli par l'individu produit un effet et laisse un résidu psychique (appelé aussi *karman*) qui enchaîne l'âme au monde de l'existence.

karma-yoga (m) : méthode de salut *(yoga)* utilisant l'action désintéressée *(karman)* ; Krishna prêche le *karma-yoga*, en combinaison avec le *bhakti-yoga*, dans la Bhagavad Gîtâ.

kîrtan (m) : mot hindî désignant les cantiques dévotionnels accompagnés de sermons que l'on chante dans les temples de l'Inde moderne.

Krishna (m) : « le Noir » ; nom du cocher d'Arjuna qui, dans la Bhagavad Gîtâ, lui révèle qu'il est une incarnation de Vishnu et lui enseigne le Yoga.

kundalinî (f) : « enroulée » ; nom du serpent femelle qui niche dans la caverne sise à la base du corps subtil (image de la puissance cosmique, *shakti*, présente en chaque être vivant).

manas (m) : « esprit, pensée » ; organe mental (cerveau) et sa fonction (pensée). Le Yoga l'utilise pour dompter toutes les énergies vitales, puis s'efforce de le dissoudre pour accéder à un niveau supérieur (celui de la *buddhi*, l'intelligence cosmique).

mantra (nt) : « instrument de pensée », formule rituelle (initiatique, secrète) utilisée comme support de méditation.

mâyâ (f) : « magie » ; puissance cosmique dont la fonction est de déployer les formes infiniment variées de l'existence.

mosksha (m) : « délivrance », libération de l'âme captive de l'existence phénoménale.

nadî (f) : canaux par lesquels circule le souffle vital dans le corps subtil.

nâga (m) : divinités en forme de serpents fantastiques.

nyâsa (m) : rite constituant en une onction de diverses parties du corps destinées à le « consacrer » et à vénérer les divinités qui l'habitent.

OM : monosyllabe sacré, qui n'est autre que le *braham* lui-même en tant que son. Il est formé des trois lettres A, U, M, qui, selon les lois de la phonétique sanskrite, se fondent en une seule, O, prolongée par un point d'orgue, noté M.

parama (adj) : suprême.

prakriti (f) : « la Nature », en tant qu'elle est opposée à l'Esprit *(purusha)* et forme avec lui un couple dieu/déesse.

prâna (m) : « plénitude » ; nom donné au souffle vital et, accessoirement, à l'air inspiré.

pûjâ (f) : « adoration » ; nom technique du rituel de vénération des dieux et déesses dans l'hindouisme moderne.

purusha (m) : « mâle » ; désigne l'Esprit en tant qu'il s'oppose à la Nature (laquelle est femelle).

Pûshan (m) : dieu védique, correspondant à l'Hermès des Grecs et au Mercure des Latins.

rishi (m) : « prophète, voyant » ; personnage mythique qui a eu la révélation des Écritures sacrées de l'hindouisme.

Rudra (m) : l'un des noms de Shiva.

Sach-Chid-Ânanda : « Être-Conscience-Béatitude », triade évoquant la vraie nature du *brahman* (l'Absolu, l'Essence).

sâdhaka (m) : adepte, disciple.

sâdhana (nt ou f) : voie spirituelle, chemin conduisant au salut.

sâdhu (m) : « saint » ; nom donné aux renonçants qui ont abandonné le monde pour mener jusqu'à son terme la quête de l'Absolu.

samâdhî (m) : huitième et dernier degré du Yoga, où *l'âtman* obtient la Délivrance permettant à l'adepte d'atteindre l'état d'isolement ontologique *(kaïvalya)*.

samnyâsin (m) : « renonçant » ; individu ayant fait vœu de *samnyâsa* (abandon de la vie mondaine).

samsâra (m) : « cours commun » ; loi universelle de la transmigration de l'âme de corps en corps pendant toute la durée d'un cycle cosmique.

sanskrit (samskritam : « parfait ») : langue indo-européenne (sœur du latin et du grec) dans laquelle sont rédigés les Yoga-Sûtras, les Upanishads, etc.

Sarasvatî (f) : affluent de la rive gauche de l'Indus, mais que la géographie « subtile » donne comme un fleuve dans lequel se jettent le Gange et la Yamunâ.

sâvitri (f) : « incitatrice » ; nom du *mantra* communiqué au moment de l'initiation *(upanayana) ;* l'hindou de bonne caste devra le répéter au moins trois fois par jour.

shakti (f) : « puissance ; énergie divine » ; représentation de la nature véritable de chacun des grands dieux ; dans l'homme, la *shakti* prend la forme de la *kundalinî.*

Shiva : troisième personnage de la Trinité hindoue (les deux autres étant Brahmâ et Vishnu).

siddhi (f) : « réalisation, accomplissement » ; nom donné aux pouvoirs merveilleux que l'on obtient par la pratique du Yoga.

tad (nt) : « Cela » ; désignation métaphysique de l'Absolu (l'*âtman-brahman*).

tantrisme : courant de pensée fondé sur l'enseignement des *Tantras* (Livres), mettant en avant l'union des éléments mâle et femelle, symbole de l'harmonie esprit/nature.

trimûrti (f) : « triple forme » ; nom donné aux trois dieux principaux (Brahmâ, Vishnu, Shiva) lorsqu'ils sont vénérés ensemble.

upanayana (nt) : sacrement initiatique auquel est soumis, vers l'âge de sept ans, le jeune garçon de bonne caste.

Vasudéva (m) : l'un des noms de Vishnu.

Vâyu (m) : dieu védique en qui se manifeste la force du Vent (souffle vital, âme cosmique).

Véda (m) : « savoir, science » ; nom donné aux Écritures révélées de l'hindouisme.

Védânta (m) : l'un des plus importants *darshanas* (écoles) de l'hindouisme traditionnel.

vidyâ (f) : « savoir, science » ; connaissance spirituelle ou théologique.

Vishnu : deuxième personne de la Trinité hindoue (les deux autres étant Brahmâ et Shiva).

Yamunâ (f) : affluent de la rive droite du Gange.

yogin (m) : adepte du Yoga.

Notes

1. De plus, la traduction de la Kali-Samtarana Upanishad a été reproduite dans la revue *Question de,* n° 5, 1974.

Première partie

I. LES UPANISHADS

1. Les hindous parlent de leur religion comme étant le *Sanatana Dharma,* c'est-à-dire « la Loi Éternelle » (ou « la Norme Universelle »).

2. La fonction des brahmanes est essentiellement d'enseignement : ils ont la responsabilité de faire connaître et de diffuser les Écritures sacrées. Ils jouent aussi le rôle de directeurs de conscience. En raison de leur pureté rituelle, ils peuvent aussi exercer le métier de cuisinier.

3. Rappelons que le mot sanskrit désignant le sacré est *brahman.* Les brahmanes (en sanskrit : *brâhmana*) sont donc « ceux qui ont charge du sacré ».

4. Le mariage est, pour les filles, le substitut de l'*upanayana.* Il les introduit, en effet, dans l'univers adulte et inaugure leurs fonctions d'épouse et de mère.

5. Le Véda est rédigé dans la langue qui était parlée dans le nord de l'Inde durant tout le IIe millénaire et la première moitié du Ier millénaire avant notre ère. Cette langue réputée « parfaite » (c'est là le sens du mot *samskrita*) a été apportée dans ces régions par des tribus indo-européennes venues du Nord-Ouest.

6. Les Aranyakas (le mot signifie « forestiers ») sont des chapitres des Brâhmanas contenant des enseignements particuliers que l'on devait étudier en privé « dans la forêt » (et non dans le village).

7. Quelques-uns de ces mythes ont été traduits en français : Jean Varenne, *Mythes et Légendes, extraits des Brâhmanas*, Paris, Gallimard, 1968.

8. Voir, à titre d'exemple, en fin de ce volume (page 199) le poème de Victor Hugo, « Suprématie ».

9. Hermann Keyserling, *L'Inde*, Paris, Les Belles Lettres, 1980.

10. Marqué par les livres de ce dernier sur Râmakrishna et Vivékânanda, ainsi que par divers articles sur Gandhî et l'Inde contemporaine.

11. Louis Dumont, *Homo hierarchicus. Essai sur le système des castes*, Paris, Gallimard, 1966.

12. Le canon des Écritures védiques est « ouvert », en ce sens que l'inspiration divine peut, selon les hindous, se manifester à n'importe quel moment et n'importe où. Mais comme il n'y a pas d'Église brahmanique, les opinions divergent éventuellement sur le caractère sacré de tel ou tel texte ; c'est pourquoi le nombre des Upanishads n'est pas fixe. Le total des textes imprimés en Inde donne un chiffre de l'ordre de deux cent cinquante environ.

II. LE BRAHMAN

1. Où de nombreux auteurs, à la suite de Schopenhauer, ont cru que la théorie de la *mâyâ* impliquait la non-existence du monde. Le mot désigne la « magie » créatrice des formes, lesquelles sont, du point de vue hindou, « substantielles » puisqu'elles ont pour « assise » le *brahman*.

2. Selon le mot heureux de Victor Hugo (cf. ici même, page 197).

3. Parce que tous les sacrements qui rythment la vie du fidèle s'opèrent en présence du feu domestique, témoin et garant des intentions des participants.

4. Référence mythique.

5. Ainsi Indra ne peut « voir » le *brahman* ; mais on notera que celui-ci a dû s'esquiver pour éviter d'être reconnu par Indra.

III. TU ES CELA

1. Il n'y a pas lieu d'hésiter à utiliser le mot « âme » pour traduire *âtman*. Il suffit de préciser que la théologie hindoue étant différente de la catholique, la définition de l'âme donnée par les Upanishads ne coïncide pas nécessairement avec celle des conciles.

2. Il s'agit évidemment des rivières mythiques qui naissent de l'Océan primordial et coulent dans les quatre directions de l'espace (deux seulement sont citées ici).

3. Autre nom de l'*âtman-brahman*.

Deuxième partie

I. ISHÂ UPANISHAD

1. L'expression est de Louis Renou dans l'introduction à sa traduction de l'Ishâ Upanishad (cf. bibliographie). De son côté, Paul Thieme a cru voir dans le texte un dialogue entre un tenant du Védânta et un adversaire « ritualiste » (article du *Journal of American Oriental Society,* 1960).

2. Nombreuses traductions commentées de ce texte. En dernier, celle d'Anne-Marie Esnoul et Olivier Lacombe (Paris, Éditions du Seuil, coll. « Points Sagesses », 1977).

3. L'un des thèmes majeurs du brahmanisme ancien (période védique) est que dieu pénètre le monde pour venir « l'animer », (c'est-à-dire lui donner une âme). Tout hindou reçoit vers l'âge de douze ans une initiation *(upanayana)* qui a pour but d'opérer cette « installation » de l'âme *(âtman)* en lui.

4. L'homme parfaitement maître de son destin est souvent qualifié de *vîra,* « héros ». L'interlocuteur de Krishna dans la Bhagavad Gîtâ est d'ailleurs un guerrier : le prince Arjuna.

5. D'où la prédilection des mystiques hindous pour l'œuvre de saint Jean de la Croix, théologien de la « Nuit Obscure ».

6. Correspondant à l'autre *mantra,* non moins célèbre, *tat tvam asi,* « tu es Cela » (cf. page 35).

7. Il y a ici ambiguïté ; le texte sanskrit *îshâvâsya* peut aussi vouloir dire : « Puisse le Seigneur venir habiter ce monde. » Les deux idées (vêtement, habitation) sont également orthodoxes. De toute façon, ce que l'on demande, c'est que le Seigneur « assume » l'univers.

8. Les actes (le *karman*) déterminent la transmigration de l'*âtman ;* mais celui-ci, étant identique à l'Absolu (le *brahman*), ne saurait en être affecté.

9. C'est-à-dire ceux qui, par ignorance, vivent comme s'ils n'avaient pas d'âme.

10. Allusion au mythe du *brahman,* tel qu'il est conté dans la Kéna Upanishad (ici même, page 31).

11. L'un des noms de Vâyu (le Vent, Souffle cosmique qui « anime » l'univers) ; cf. str. 17.

12. Dialectique de l'âme individuelle (l'*âtman* présent dans chaque être) et de l'âme cosmique (l'*âtman* qui « enveloppe », cf. str. 1, tous les êtres).

13. Strophe polémique, contre ceux qui identifient le soi (l'âme, l'*âtman*) avec le corps grossier (la chair, les os) ou subtil (les valeurs morales).

14. Identification de l'*âtman* avec le Seigneur (cf. str. 1).

15. Dieu des carrefours et des chemins, sorte d'Hermès védique, détenteur des secrets de l'univers.

II. PARAMA-HAMSA UPANISHAD

1. Voir, à ce propos, l'introduction à la Kali-Samtarana Upanishad (ici même, page 137).

2. Entendue comme étant à la fois une théologie, une philosophie, et un projet d'organisation sociale. Ces trois aspects du Dharma brahmanique constituent une vue-du-monde originale.

3. La Bhagavad Gîtâ 2.32.

4. Rappelons cependant que, dans l'hindouisme classique, le remariage des veuves est tout à fait exceptionnel. Signalons aussi que certains renonçants restent accompagnés de leurs épouses ; mais cela aussi est exceptionnel.

5. Il s'agit souvent de noms à terminaison *ânanda*, ce mot ayant le sens de « qui trouve sa joie dans » ; la première partie du nom indique quel est le « support » de cette joie. Exemples : Shivânanda, « qui trouve sa joie en Shiva », Yogânanda, « qui trouve sa joie dans la pratique du Yoga ».

6. C'est-à-dire un homme qui a pleinement réalisé les idéaux mis en avant par le Véda.

7. Les brahmanes ont le crâne rasé, sauf une mèche à l'occiput, et ils portent en permanence un cordon qui leur barre la poitrine. Leur devoir d'état est de réciter le Véda et d'accomplir les rites. Il semble donc que l'Upanishad réserve le *samnyâsa* aux seuls brahmanes.

8. Le dégoût du corps est le signe que l'on est véritablement libéré de tous les désirs.

9. *Samdhyâ*, mot qui désigne chacun des trois moments privilégiés de la vie religieuse quotidienne : l'aube, midi, le crépuscule.

10. Le texte dit : les enfers « grands-hurlants » *(mahâ-raurava)*.

11. C'est-à-dire : nu.

12. Le texte sanskrit est ici très corrompu ; on peut comprendre aussi : « il ne s'empare pas de l'or, ne le regarde même pas ; il le méprise » ; mais cela ferait double emploi avec la strophe suivante.

13. Toute cette strophe joue sur les dualités dont l'homme ordinaire est l'esclave, alors que pour le *Parama-hamsa* tout est un.

14. Formule *(mantra)* célèbre, établissant l'équation *âtman-brahman*.

III. ADVAYA-TÂRAKA UPANISHAD

1. *Upanishads du Yoga*, trad. par Jean Varenne, Paris, Gallimard, 1971 et 1974.

2. Jean Varenne, *Le Yoga de Pantanjali*, Paris, Retz, 1981.

3. *La Hathayoga-Pradipikâ*, trad. par Târâ Michael, Paris, Fayard, 1974.

4. Le mot signifie à la fois « fonction » et « place ».

5. Il s'agit des *nâdis*, « canaux, artères », du corps subtil. Cf. à ce sujet, *le Tantrisme*, par Jean Varenne, Paris, Retz, 1978.

6. En sanskrit : *chit-svarûpo 'ham.*

7. L'angoisse existentielle, étant inhérente à la vie elle-même, apparaît dès le moment de la conception et persiste jusqu'à la mort.

8. *Néti, néti!* Formule traditionnelle exprimant l'impossibilité de définir l'Absolu.

9. La *kundalinî.*

10. Prononcez : p'houte.

11. Le mot *âkasha* signifie à la fois « l'espace » et la substance dont il est constitué.

12. Il s'agit de ce que l'on nomme l'*Ajnâ-Chakra.*

13. C'est-à-dire : perçoit ce qu'est le plus haut degré possible de l'évolution cosmique, au-delà des caractéristiques ordinaires (les seize qualités) de l'existence.

14. Le *guru* (prononcez : gourou) est le maître spirituel par lequel on apprendra la pratique du *târaka-samyama.*

IV. BAHVRICHÂ UPANISHAD

1. Dévî, sans autre précision. Il s'agit donc de Durgâ, la déesse farouche et solitaire.

2. L'Œuf du monde *(jagad-anda)* est le germe à partir duquel l'univers se développe, au début d'un cycle cosmique. On l'appelle aussi *brahmânda* (l'Œuf de Brahmâ) ou *hiranya-garbha* (l'Embryon d'Or).

3. Autre nom de Shiva. Il s'agit donc ici de la Trimûrti.

4. Catégories d'êtres célestes, proches des humains (leur nom signifie « presque hommes »).

5. Sans doute faut-il comprendre : « les mangeurs » *(shâkta :* les vivants « pourvus d'énergie ») et « la nourriture » *(bhogya* a le double sens de « ce que l'on désire » et « ce que l'on peut manger »).

6. Notion typiquement upanishadique : chaque chose « repose » *(pratitishthati)* sur quelque chose d'autre jusqu'au « support » *(pratishthâ)* ultime, l'*âtman-brahman.*

7. Autre notion fondamentale : la divinité, quel que soit son nom (*âtman*, Vishnu, Shiva, la déesse, etc.), est venue à la fois « habiter » l'univers (s'introduire à l'intime de chaque être) et « le revêtir » (l'envelopper comme d'un manteau protecteur).

8. Le mot *(a-satya)* signifie aussi : « non-réalité ». L'idée est que la nature, lorsqu'elle n'est pas « habitée » par la déesse-Énergie *(shakti),* n'est pas réelle : elle est, au sens propre, in-animée.

9. Sach-Chid-Ananda, nom secret de la divinité suprême dans les Upanishads. Ici, la déesse est comparée à un flot (« une vague », *laharî*) de Conscience-Énergie *(chit-shakti).*

10. Strophe sans doute interpolée où apparaît un vocabulaire emprunté au *Sâmkhya.* Le *Mahant* est un autre nom du *brahman* « sans qualités » (sans les

cinq éléments, sans les cinq formes d'existence, etc.). Sur le *Sâmkhya*, voir Anne-Marie Esnoul, *Les Strophes du Sâmkhya*, Paris, Les Belles Lettres, 1964.

11. Formules clés des Upanishads (cf. ici même, page 35, « Tu es Cela »).

12. Allusion au cycle épique de Durgâ qui, sous le nom de Chandî, vainquit le démon-buffle. Traduction du poème où la bataille est contée, dans Jean Varenne, *Célébration de la Grande Déesse*, Paris, Les Belles Lettres, 1975.

13. Plusieurs des noms de la déesse, et notamment celui-ci, sont inconnus par ailleurs. Il faut noter aussi qu'il s'agit peut-être de noms de plantes utilisées dans le rituel tantrique.

14. Autres noms équivoques : Sâvitrî (la Solaire) et Gâyatrî (la Chantante) désignent des *mantras* célèbres. Sarasvatî (la Rivière) est aussi le nom de la compagne de Brahmâ.

15. Normalement, chaque strophe *(rich)* du Véda a un usage rituel. Mais l'efficacité de l'emploi desdites strophes dépend de la connaissance de leur signification ésotérique (ce que cette Upanishad appelle *Shrî-Vidyâ*).

V. KALI-SAMTARANA UPANISHAD

1. Traduction et commentaire par Anne-Marie Esnoul et Oliver Lacombe, *op. cit.*

2. Notamment A. C. Bhaktivédânta, swâmî Prabhûpâda, fondateur de la Société internationale pour la conscience de Krishna.

3. Traduction française par Burnouf (5 vol., 1840). Une autre traduction avec les commentaires de swâmî Prabhûpâda est en cours de publication (1er vol. : Paris, 1978).

4. A la suite d'une malédiction, le Prophète *(rishi)* Nârada a été condamné à parcourir les trois mondes, et tout particulièrement la terre. Il en profite pour instruire les hommes des moyens de faire leur salut.

5. Le dernier des quatre « moments » *(yuga)* du cycle cosmique : celui par lequel il doit se terminer. La dissolution de cet univers devant entraîner l'apparition d'un autre cosmos (et ceci, indéfiniment, selon la doctrine brahmanique). Ce « quatrième âge », dans lequel nous sommes, est évidemment le plus mauvais de tous, le plus dangereux.

6. La science sacrée s'appelle communément *brahma-vidyâ*, « connaissance *(vidyâ)* impartie par (ou : concernant) Brahmâ (ou : le *brahman*) ».

7. C'est une affirmation constante dans les Upanishads que le nom *(nâman)* est chargé de puissance magique. Ici il faut entendre par nom le *mantra* donné au paragraphe sept.

8. Le chiffre seize a une valeur sacrée ; à tel point que le *brahman* est parfois appelé *shodashin*, « Celui qui est Seize ».

9. C'est-à-dire : on permet à l'âme d'accéder à une condition supérieure

où, libre des liens de l'existence, elle réalisera sa vraie nature, identique à celle du *brahman* (cf. str. 10).

VI. VASUDÉVA UPANISHAD

1. Nom du paradis de Vishnu.
2. Selon les commentaires, le *Chakra-tîrtha*, « Gué du Cercle », serait un ancien lieu de pèlerinage situé dans le Gujerat, non loin de Dvârakâ.
3. Peut-être faut-il comprendre que la roche dont est tiré le *gopî-chandana* contient des fossiles affectant des formes circulaires (des ammonites?).
4. Rig-Véda 10.75.5.
5. Cette stance contient dix noms de rivières (bassins du Gange et de l'Indus); tous sont féminins en sanskrit et désignent des déesses; on les invoque dans les rites domestiques au moment où l'on doit utiliser de l'eau, comme c'est le cas ici.
6. Première allusion (elle sera plusieurs fois répétée par la suite) à un mythe cosmogonique caractéristique de la symbolique vishnuïte. Mis au défi par un *asura* (démon) géant, Vishnu, qui avait pris la forme d'un nain, parcourut (et s'appropria) en trois pas seulement l'univers tout entier.
7. Rig-Véda 1.22.16 à 18.
8. Type de strophe védique dont le modèle est une prière au soleil (appelée aussi *Sâvitrî*). Il en existe de nombreuses variantes dédiées à divers dieux, dont celle-ci (cf. aussi, page 181, la *Garuda-Gâyatrî*).
9. Il existe de nombreuses Litanies des Noms; on les distingue par le mot initial de chacune d'elles. Certaines ne contiennent que sept noms, d'autres bien davantage, jusqu'à mille.
10. Le *Chakra-tîrtha* où l'on recueille l'argile claire servant à la confection du *gopî-chandana* serait l'un de ces lieux où le pied de Vishnu se posa.
11. Il s'agit ici non de tracer l'*ûrdhva-pundra* sur le front, mais de pratiquer le rite du *nyâsa* (consécration de certaines parties du corps par des attouchements, accompagnés ou non d'onctions avec une substance particulière).
12. Il y a ici une allusion aux quatre conditions successives que doit assumer un hindou au cours de sa vie : d'abord étudiant brahmanique (*brahmachârin*), puis maître de maison *(grihastha) ;* ensuite retiré « dans la forêt » *(vanaprastha)*, enfin ascète renonçant (ici : *yati*).
13. C'est-à-dire : renonçant parfait (cf. page 88).
14. Il y a ici une intention polémique : le renonçant qui croit se vouer à l'Absolu sans qualités se retrouvera, en fait, au paradis avec dieu !
15. L'idée est que le trait unique est à l'image de la flamme qui brille au centre du lotus du cœur; flamme dans laquelle « habite » l'*âtman*.
16. Nouvelle insistance sur l'idée que l'*âtman-brahman* n'est pas un Absolu mais un dieu personnel.

17. Le dieu unique, impassible, tout-puissant, règne sur les autres dieux dont la fonction est de l'activer pour la sauvegarde du monde et des êtres.

18. Série de comparaisons visant à faire comprendre que Vishnu (en tant qu'*âtman*) est la quintessence de chaque être.

19. Idée souvent exprimée dans les Upanishads que le dieu suprême est « entré » dans l'univers (et dans chacune de ses parties) après sa constitution.

20. C'est-à-dire le paradis « d'où l'on ne revient pas ».

21. Paragraphe énigmatique : que sont les quatre éléments de l'*ûrdhva-yoga* ? Les commentaires restent muets sur ce point.

22. Sorte de basilic utilisé dans les rites en l'honneur de Vishnu.

23. Sacrifice quotidien offert matin et soir par les hindous de bonne caste (un peu de lait est versé dans le foyer domestique en l'honneur des dieux et tout particulièrement du dieu Soleil).

24. Situation inverse de la normale : la *pûjâ* est un rite d'adoration dédié par les fidèles à leurs divinités d'élection.

VII. GARUDA UPANISHAD

1. Traduction par Émile Senart, Paris, Les Belles Lettres, 1930, 2 vol.

2. Il y a même des variantes selon que l'on souhaite un fils blond, châtain, brun, etc.

3. Traduction par Lakshmî Kapani, Paris, Maisonneuve, 1976.

4. Traduction par Jean Varenne dans le second volume de la Mahâ-Nârâyana Upanishad, Paris, Éditions E. de Boccard, 1961.

5. Il est intéressant de signaler que le *rishi* Bharadvâja est l'auteur d'un *sâman* (mélodie liturgique) utilisé comme arme magique (cf., par exemple, Jaiminîya Brâhmana : 3.244).

6. Dans la mythologie hindoue, nombreux sont les dieux qu'accompagne une troupe d'êtres divins plus ou moins semblables à leur maître et qui le servent : par exemple Indra, dieu des combats, commande une armée de « soldats célestes », les Maruts.

7. L'Upanishad ne donne pas le texte de la *Garuda-Gâyatrî*. Mais celle-ci est bien connue par ailleurs. On la trouve par exemple dans la Mahâ-Nârâyana Upanishad (édition-traduction de Jean Varenne citée plus haut).

8. Bien que le texte ne mentionne que les doigts de l'officiant, c'est bien tout son corps qui est consacré (à l'aide des doigts en question) comme l'indique la mention terminale : *evam hridayâdi-nyâsah* (onction commençant par le cœur...).

9. Autre nom de Garuda.

10. Plusieurs des noms d'insectes ou d'animaux donnés dans ce paragraphe ne se retrouvent pas par ailleurs. La traduction en est donc peu sûre.

11 Ici seulement on voit apparaître une sorte de médicament. Par la suite, il est fait mention de la puissance curative du regard et de celle, plus efficace encore, de la pensée intentionnelle.

Bibliographie

Épilogue

Sur les quelque deux cent cinquante Upanishads existantes, moins de cent ont été traduites en anglais et une quarantaine à peine en français. A toutes fins utiles, on a dressé, ci-dessous, une liste alphabétique de ces dernières. Il ne s'agit nullement d'une bibliographie au sens strict du terme (donnée, ici même, page 227), mais d'un catalogue commode des textes que le lecteur peut se procurer sans trop de difficultés. Lorsque plusieurs traductions coexistent (ce qui est le cas, par exemple, pour l'Ishâ, la Kéna, la Dhyâna-Bindu, etc.), on n'a cité que la plus récente, les autres références figurant, s'il y a lieu, dans la bibliographie. Enfin, on n'a retenu que les traduction *in extenso*, à l'exclusion des anthologies et « morceaux choisis ».

Advaya-Târaka, traduction Jean Varenne (*ici même*, page 109).
Aitareya, traduction Lilian Silburn (Paris, Maisonneuve, « Les Upanishads », n° X, 1950).
Amrita-Bindu, traduction Jean Varenne (*Upanishads du Yoga*, Paris, Gallimard, 1971).
Amrita-Nâda, traduction Jean Varenne (*ibid.*).
Atharva-Shira, traduction B. Tubini (Paris, Maisonneuve, « Les Upanishads », n° XI, 1952).
Atma-Pûjâ, traduction Lakshmî Kapani (Paris, Maisonneuve, « Les Upanishads », n° XXI, 1978).
Bahvrichâ, traduction Jean Varenne (*ici même*, page 131).
Bâshkala-Mantra, traduction Louis Renou (Paris, Maisonneuve, « Les Upanishads », n° XVI, 1956).
Brahma-Bindu, traduction B. Tubini (Paris, Maisonneuve, « Les Upanishads, n° XII, 1952).

Brihad-Âranyaka, traduction Émile Senart (Paris, Les Belles Lettres, 1934 [et *ici même*, page 51]).

Châgaleya, traduction Louis Renou (Paris, Maisonneuve, « Les Upanishads », n° XVII, 1959).

Chândogya, traduction Émile Senart (Paris, Les Belles Lettres, 1930 [et *ici même*, page 39]).

Darshana, cf. Yoga-Darshana.

Devî, traduction Jean Varenne (Paris, Maisonneuve, « Les Upanishads », n° XIX, 1971).

Dhyâna-Bindu, traduction Jean Varenne (*Upanishads du Yoga*, Paris, Gallimard, 1971).

Ganapati, traduction Jean Varenne (Paris, Maisonneuve, « Les Upanishads », n° XVIII, 1965).

Garbha, traduction Lakshmî Kapani (Paris, Maisonneuve, « Les Upanishads », n° XX, 1977).

Garuda, traduction Jean Varenne (*ici même*, page 181).

Hamsa, traduction Jean Varenne (*Upanishads du Yoga*, Paris, Gallimard, 1971).

Ishâ, traduction Jean Varenne (*ici même*, page 75).

Kaivalya, traduction B. Tubini (Paris, Maisonneuve, « Les Upanishads », n° XIII, 1952).

Kali-Samtarana, traduction Jean Varenne (*ici même*, page 147).

Katha, traduction Louis Renou (Paris, Maisonneuve, « Les Upanishads », n° II, 1943).

Kaushitaki, traduction Louis Renou (Paris, Maisonneuve, « Les Upanishads », n° VI, 1948).

Kéna, traduction Louis Renou (Paris, Maisonneuve, « Les Upanishads », n° III, 1943) et *ici même*, page 31.

Kshurikâ, traduction Jean Varenne (*Upanishads du Yoga*, Paris, Gallimard, 1971).

Mahâ-Nârâyana, traduction Jean Varenne (Paris, Éditions E. de Boccard, 1960, 2 vol.).

Mahâ-Vâkya, traduction Jean Varenne (*Upanishads du Yoga*, Paris, Gallimard, 1971).

Maitrâyana, traduction Jean Varenne (*L'Hindouisme*, Paris, Fayard, 1972).

Maîtrî, traduction Anne-Marie Esnoul (Paris, Maisonneuve, « Les Upanishads », n° XV, 1952).

Mândukya, traduction Jean Varenne (*L'Hindouisme*, Paris, Fayard, 1972).

Mundaka, traduction J. Maury (Paris, Maisonneuve, « Les Upanishads », n° IV, 1943) et *ici-même*, page 55.

Parama-Hamsa, traduction Jean Varenne (*ici même*, page 91).

Prânâgnihotra, traduction Jean Varenne (*in* t. II de la *Mahâ-Nârâyana*, cf. ci-dessus).

Prashna, traduction J. Bousquet (Paris, Maisonneuve, « Les Upanishads », n° VIII, 1948).

BIBLIOGRAPHIE

Sarasvatî-Râhasya, traduction Jean Varenne (*Le Tantrisme*, Paris, Retz, 1977).

Sarva-Sâra, traduction B. Tubini (Paris, Maisonneuve, « Les Upanishads », n° XIV, 1952).

Shetâshvatara, traduction Lilian Silburn (Paris, Maisonneuve, « Les Upanishads », n° VII, 1948).

Taittirîya, traduction E. Lesimple (Paris, Maisonneuve, « Les Upanishads », n° IX, 1948).

Vasudéva, traduction Jean Varenne (*ici même*, page 161).

Yoga-Darshana, traduction Jean Varenne (*Le Yoga et la Tradition hindoue*, Paris, Retz, 1973).

Yoga-Kundalinî, traduction Jean Varenne (*Upanishads du Yoga*, Paris, Gallimard, 1971).

Yoga-Tattva, traduction Jean Varenne (*ibid.*).

LA CIVILISATION DE L'INDE TRADITIONNELLE

Louis Renou *et al.*, *L'Inde classique* (Manuel des Études indiennes), Paris, Payot, 1947 et 1953, 2 vol.

Louis Renou, *L'Hindouisme*, Paris, PUF, 1951.

Alain Daniélou, *Le Polythéisme hindou*, Paris, Bûchet-Chastel, 1960.

Louis Dumont, *Homo hierarchicus (Essai sur le système des castes)*, Paris, Gallimard, 1969.

PHILOSOPHIE HINDOUE

S. N. Dasgupta, *A History of Indian Philosophy*, Cambridge University Press (5 vol.: 1922 à 1955).

Olivier Lacombe, *L'Absolu selon le Vedânta*, Paris, 1937.

Mircea Eliade, *Le Yoga, immortalité et liberté*, Paris, Payot, 1954.

Jean Varenne, *Le Yoga et la Tradition hindoue*, Paris, Retz, 1974.

Julius Evola, *Le Yoga tantrique*, Paris, Fayard, 1971.

A. Bharati, *The Tantric Tradition*, Londres, Rider Publishing House, 1965.

Arthur Avalon, *Shakti and Shâkta*, Madras, Ganesh Publications, 1929.

Jean Varenne, *Le Tantrisme*, Paris, Retz, 1977.

TEXTES SANSKRITS

J. Muir, *Original Sanskrit Texts*, Londres, Trubner, 1979, 6 vol.

Louis Renou, *Anthologie sanskrite*, Paris, Payot, 1947.

Anne-Marie Esnoul, *L'Hindouisme* (anthologie de textes traduits et commentés), Paris, Fayard, 1970.

BIBLIOGRAPHIE

Jean Varenne, *Mythes et Légendes, extraits des Brâhmanas*, Paris, Gallimard, 1968.
Anne-Marie Esnoul et Olivier Lacombe, *La Bhagavad Gîtâ* (traduction commentée), Paris, Éditions du Seuil, coll. « Points Sagesses », 1977.

SUR LA PENSÉE DES UPANISHADS

Paul Deussen, *The Philosophy of the Upanishads*, New York, Dover, 1966 (original : 1902).
A. B. Keith, *The Religion and Philosophy of the Vedas and the Upanishads*, Harvard Oriental Series, 1925, 2 vol.
R. D. Ranade, *A Constructive Survey of the Upanishads*, Poona, 1926.

TRADUCTIONS D'UPANISHADS

Anquetil-Duperron, *Oupnekhat* (traduction latine de cinquante Upanishads), Strasbourg, 1802, 2 vol.
Paul Deussen, *Sechzig Upanishaden des Vedas*, Leipzig, 1897.
O. Hume, *Thirteen Principal Upanishads*, Londres, 1950.
Adyar Library Series (traduction anglaise en 6 vol. d'environ quatre-vingts Upanishads), Madras.
« Les Upanishads », traduction française de vingt et une Upanishads (en autant de fascicules) de 1943 à 1978 (collection fondée par Louis Renou), Paris, Maisonneuve.
Jean Varenne, *Upanishads du Yoga* (trad. commentée de huit Upanishads), Paris, Gallimard, 1971.
Brihad-Âranyaka Upanishad, traduction d'Émile Senart, Paris, Les Belles Lettres, 1934.
Chândogya Upanishad, traduction d'Émile Senart, Paris, Les Belles Lettres, 1930.
Mahâ-Nârâyana Upanishad (et *Prânâgnihotra Upanishad*), traduction et commentaire de Jean Varenne, Paris, Éditions E. de Boccard, 1960, 2 vol.

Textes traduits

Advaya-Târaka Upanishad *(in extenso)*
Bahvrichâ Upanishad *(in extenso)*
Brihad-Âranyaka Upanishad (chap. II, *extraits*)
Chândogya Upanishad (chap. VI, *extraits*)
Garuda Upanishad *(in extenso)*
Ishâ Upanishad *(in extenso)*
Kali-Samtarana Upanishad *(in extenso)*
Kéna Upanishad *(extraits)*
Mundaka Upanishad *(extraits)*
Parama-Hamsa Upanishad *(in extenso)*
Shatapatha-Brâhmana (chap. X, *extraits*)
Vasudéva Upanishad *(in extenso)*

Table

Du même auteur

Textes sanskrits
Université Aix-Marseille I, 1966

Célébration de la Grande déesse
(Dévî-Mahâtmya)
Les Belles Lettres, 1975

Cosmogonies védiques
Les Belles Lettres, 1982

L'Art de l'Inde
Flammarion, 1983

Le Véda
Deux Océans, 1984

Vocabulaire de l'hindouisme
(en collaboration avec Herbert Jean)
Dervy, 1985

Mythes et légendes
Extraits des Brâhmanas
Gallimard, 1986

Zarathoustra et la tradition mazdéenne
Seuil, « Maîtres Spirituels », n° 35, 1989

Aux sources du Yoga
J. Renard, 1989

Upanishads du Yoga
Gallimard, 1990

Lao-Tseu
Éditions du Rocher, 1990

Zoroastre
Dervy, 1996

Le Tantrisme
Mythes, rites, métaphysique
Albin Michel, 1997

Dictionnaire de l'hindouisme
Introduction à la signification des symboles
et des mythes hindous
(avec la collaboration de Michel Delahoutre)
Éditions du Rocher, 2002